kohlhammer edition eisenbahn

Wolfgang Fiegenbaum

Nebenbahnen in Deutschland 1970 – 1980

Verlag W. Kohlhammer
Stuttgart Berlin Köln Mainz

Meinen Großeltern gewidmet

CIP-Kurztitelaufnahme der Deutschen Bibliothek

Nebenbahnen in Deutschland /
Wolfgang Fiegenbaum.
– Stuttgart; Berlin; Köln; Mainz: Kohlhammer
(Kohlhammer-Edition Eisenbahn)

NE: Fiegenbaum, Wolfgang [Bearb.]

1970 – 1980 – 1981
ISBN 3-17-005987-4

Verlagsort: Stuttgart
Umschlagentwurf: hace
Gesamtherstellung:
W. Kohlhammer Druckerei GmbH + Co. Stuttgart
Printed in Germany

Inhalt

Vorwort

Bücher über Eisenbahnen haben in den letzten Jahren einen zunehmend größer werdenden Kreis von Lesern gefunden. Wenn nun der Verlag eine neue Reihe – die kohlhammer edition eisenbahn – aus der Taufe hebt, so ist es sinnvoll, diesem Unternehmen einige Worte mit auf die Reise zum Leser zu geben, die als Editorial Zweck und Ziel skizzieren sollen.
Wie auch bei anderen Sachgebieten kann das Interesse an der Eisenbahn sehr unterschiedlicher Art sein, von der Faszination beim Betrachten eines Zuges in freier Landschaft bis hin zur intensiven Beschäftigung mit technischen oder betriebsgeschichtlichen Details. Wir wollen in der edition eisenbahn versuchen, ein gleichsam doppeltes Ziel zu erreichen: dem von der Schiene faszinierten Leser in Wort und Bild neue Eindrükke zu vermitteln und gleichzeitig dem »Fachmann« unter den Eisenbahnfreunden Auskunft auf seine Fragen zu geben. Thematisch wird die neue Reihe alle Aspekte des Schienenverkehrs umfassen, neben den Eisenbahnen also auch die Straßenbahnen.

Besonders Bildbände werden leicht zu Bilderbüchern mit einem unverbindlichen Text. Bei der Konzeption dieses Buches stand daher auch der Wunsch im Vordergrund, die Aufnahmen ausführlich zu kommentieren. Das soll auch für die künftigen Bände der edition eisenbahn gelten. Ebenso messen wir der Gestaltung und Ausstattung der einzelnen Bände einen hohen Stellenwert bei. Wir meinen, daß solche Bücher über den aktuellen Nutzen hinaus einen Wert darstellen und auch nach Jahren den Leser zu wiederholtem Durchblättern anregen. – Doch nun zum vorliegenden Band.
Die zahlreichen Daten zur Strecken- und Fahrzeuggeschichte konnten nur in mühseligen Recherchen vorwiegend aus den Gesetzessammlungen der deutschen Bundesstaaten sowie aus offiziellen Unterlagen der Deutschen Reichsbahn und der Deutschen Bundesbahn zusammengetragen werden. Wesentliche Hilfen bei Fragen zur Fahrzeuggeschichte der deutschen Klein- und Privatbahnen (Kapitel 1) waren das grundlegende sechsbändige Werk »Deutsche Klein- und Privatbahnen« von Gerd Wolff (Gifhorn 1972–1978) sowie die Auskünfte von Betriebsleitungen zahlreicher Bahngesellschaften. Einige Unterlagen waren trotz intensiver Suche nicht zu beschaffen oder widersprüchlich in ihren Aussagen. Hier sind Ergänzungen und eventuelle Korrekturen durch den Leser ausdrücklich erwünscht.
Mein Dank gilt insbesondere Herrn Heinz Sickert und Frau Dr. Gisela Bartling, denen ich eine Reihe von Aufnahmen für dieses Buch verdanke. Auch der Hauptverwaltung der Deutschen Bundesbahn bin ich für verschiedene Angaben zu Dank verpflichtet. Bei der Reinschrift und Überarbeitung des Manuskripts unterstützten mich Frau Clara Endenburg und Frau Dr. Gisela Bartling. Nicht zuletzt möchte ich Herrn Jürgen Schneider vom Verlag danken, der half, dieses Buch zu realisieren.

Münster, im Oktober 1980

Wolfgang Fiegenbaum

Einführung

Abseits der großen Durchgangsstrecken des Eisenbahnverkehrs finden sich auch heute noch zahlreiche kleinere Bahnlinien mit lokaler Bedeutung. Diese Nebenbahnen zeigen eine große Vielfalt an Erscheinungsformen; der vorliegende Bildband will einen Einblick in diese Eisenbahnwelt eigener Prägung vermitteln. Gemeinsam ist diesen Bahnlinien – ob sie nun Neben-, Klein- oder Schmalspurbahnen sind –, daß sie nur eine regionale Bedeutung haben und meist auch nur geringe Beförderungsleistungen erbringen. Zahlreiche dieser Eisenbahnen wurden daher stillgelegt, und auch die verbliebenen teilen vielfach eine ungewisse Zukunft.

Die Bildauswahl für diesen Band erfolgte unter den Gesichtspunkten, einerseits das Charakteristische des Nebenbahnbetriebes vorzustellen, andererseits ein möglichst breites Spektrum an betrieblichen Situationen, Fahrzeugen und Bauwerken zu zeigen. Geographisch bewegen wir uns zwischen Bahnhöfen wie Niebüll, Putbus (Rügen), Heinsberg (Rheinland) und Oberammergau, also in der ganzen Bundesrepublik, mit einigen Abstechern in die DDR. Zeitlich beschränken wir uns – von wenigen Ausnahmen abgesehen – auf das letzte Jahrzehnt, das neben der vollständigen Umstellung vom Dampf- auf den Dieselbetrieb auch wieder vielen Nebenbahnen das Ende brachte. Dennoch sind manche der eingefangenen Szenen auch heute noch zu erleben. Und wenn einige Bilder dazu anregen, selbst diese Bahnen zu »erfahren«, so wäre ein Ziel dieses Buches erreicht.

Ein weiteres Ziel ist es, nicht nur die Bilder für sich sprechen zu lassen, sondern weiterführende Informationen über das Dargestellte zu geben. So finden sich zu jedem Bild genaue Orts- und Zeitangaben, Hinweise auf die Fahrzeuge, die Eröffnungs- und eventuell Stillegungsdaten des jeweiligen Abschnittes der Eisenbahnlinie sowie ein Orts- und Fahrzeugregister im Anhang.

Und nun nehmen Sie bitte Platz – vielleicht sogar noch auf Holzbänken oder auf dem »Panoramasitz« hinter dem Fahrer eines Schienenbusses –, und los geht die Reise, die wenig gemein hat mit der Fahrt im Intercity. Viel Zeit müssen Sie mitbringen, denn während z. B. der stündliche IC Hamburg – Frankfurt 4 Stunden und 46 Minuten für die 539 Kilometer benötigt, braucht der durchgehende sonntägliche Eilzug auf der nur etwa 20 Kilometer längeren Nebenstrecke über Buchholz – Soltau – Hannover – Altenbeken – Warburg – Brilon-Wald – Korbach – Gießen über 10 Stunden. Dafür können Sie im einen Falle im Speisewagen tafelnd mit 200 km/h durch die Lüneburger Heide donnern und im anderen die aussteigenden Wanderer im Bahnhof Hope beobachten, wo der Zug nur an Sonn- und Feiertagen hält . . .

Kapitel 1

Kleinbahnromantik von Süderbrarup bis Gotteszell

Neben der Deutschen Bundesbahn betreiben auch heute noch eine ganze Reihe anderer Bahngesellschaften vorwiegend Schienengüter- und z.T. auch Schienenpersonenverkehr. Diese Bahnen werden häufig zusammenfassend im Gegensatz zum Staatsbetrieb Bundesbahn als »Privatbahnen« bezeichnet, wenngleich auch sie sich meistens im Besitz von Bundesländern, Kreisen, Kommunen und nur selten von privaten Gesellschaften befinden. Ihre zutreffende und offizielle Bezeichnung lautet daher auch *n*ichtbundeseigene *E*isenbahnen oder kurz NE-Eisenbahnen. Der Großteil dieser Bahnen ist in dem Vierteljahrhundert von 1890 bis zum Ausbruch des Ersten Weltkrieges entstanden und verdankt – soweit im ehemaligen Preußen gelegen – seine Entstehung dem Preußischen Kleinbahngesetz von 1892. Ähnlich wie die Gesetzgebung anderer Bundesstaaten erleichterte dieses Gesetz den Bau von untergeordneten Bahnlinien durch private Initiative, indem die bisher bindenden Bau- und Betriebsvorschriften für Hauptbahnen für die Kleinbahnen erheblich vereinfacht wurden. Die Folge war ein riesiger »Kleinbahnboom« mit Tausenden von eröffneten Streckenkilometern und einigen riesigen Kleinbahnkonzernen, deren Aktien an der Börse zu Höchstpreisen gehandelt wurden. Doch bereits nach dem Ersten Weltkrieg gab es die ersten Stillegungen, und nach dem Zweiten Weltkrieg begann parallel zur beginnenden Vollmotorisierung ein Massensterben der Kleinbahnen. Da die privaten Kapitalgesellschaften mangels Rendite kein Interesse mehr an ihren Bahnen hatten, mußte sich vielfach die öffentliche Hand bereitfinden, die Bahnen zu übernehmen, um die Verkehrserschließung einer Region weiter zu gewährleisten. So besitzt heute z.B. Baden-Württemberg mit der Südwestdeutschen Eisenbahnen-AG (SWEG) 12 räumlich voneinander getrennte Strecken.

Die wenigen »Kleinbahnen«, die bis heute überlebt haben, sind naturgemäß eher eine positive Auswahl hinsichtlich ihrer Verkehrsbedeutung und auch in bezug auf ihre technische Ausstattung. So gibt es, von wenigen Ausnahmen abgesehen, nur noch Bahnen mit der Normalspurbreite von 1435 mm, während früher die Schmalspurbahnen durch ihre billigeren Anlagekosten dominierten. Der Dampfbetrieb wurde bei den NE-Bahnen meist schon früher als bei der DB auf Dieselbetrieb umgestellt, und die meisten Bahngesellschaften beschränken sich auf den etwas lukrativeren Güterverkehr.

Immerhin kann man als Reisender heute noch auf 46 Schienenstrecken oder Netzen in der Bundesrepublik planmäßig »Kleinbahn fahren«. Dazu kommt noch eine ganze Reihe von Bahnlinien, auf denen periodisch sog. Museumszüge – oft mit Dampflokomotiven – verkehren.

Wir werden in unserem Buch auch einen Besuch in der DDR machen; deshalb sei noch erwähnt, daß die dortigen Kleinbahnen nach Kriegsende verstaatlicht wurden und – sofern nicht stillgelegt – seit dem 1. 4. 1949 von der Deutschen Reichsbahn betrieben werden.

Während wir auf den Schienenstrecken der DB weitgehend standardisierte Fahrzeuge finden, macht den besonderen Reiz der NE-Bahnen die große Vielfalt an Triebwagen, Lokomotiven und Wagen aus. Jede Lokfabrik entwickelt – anders als bei der DB – für Privatbahnen ihre eigene Typenreihe; und so manches Fahrzeug wird in eigener Regie von den Werkstätten der Bahnen umgebaut. Da eine neue Diesellok heute selten unter einer Million DM zu haben ist, versucht man es häufig mit gebrauchten Fahrzeugen anderer Privatbahnen, und auch die DB hat schon manche nicht mehr benötigte Lok an eine NE-Bahn verkauft. So sind heute bei Privatbahnen zu sehen: die älteste betriebsfähige Diesellok von 1916, modernste Schnellbahntriebzüge, die stärkste deutsche Diesellok oder ein Elektrotriebwagen von 1898.

Zu dieser Abwechslung bei den Fahrzeugen kommt die Vielfalt der die Bahnen prägenden Landschaften und Menschen von Gotteszell im Bayerischen Wald bis Süderbrarup in Schleswig-Holstein.

1

2

Die Regentalbahn im Bayerischen Wald betreibt die drei Eisenbahnlinien Deggendorf – Metten, Gotteszell – Blaibach und Lam – Kötzting, wobei der Streckenteil im Tal des Schwarzen Regens sicher zu den reizvollsten Eisenbahnlinien in Deutschland zählt.
Die Herkunft des um 1937 gebauten Triebwagens VT 03 ist bis heute durch die Kriegswirren ungeklärt.
Hier (Bild 1) passiert er auf dem Weg nach Gotteszell den engsten Talabschnitt: Zwischen Berghang und Schwarzem Regen verläuft nur die Bahnlinie. Weder Autofahrer noch Fußgänger finden hier einen Weg.
Streckeneröffnung Gotteszell – Viechtach: 10. 11. 1890
Aufnahme vom 6. 6. 1971 bei Gstadt

Während die erste Teilstrecke der heutigen Regentalbahn, der damaligen »Localbahn Gotteszell – Viechtach«, bereits 1890 eröffnet wurde, mußte man noch bis zum 2. 1. 1928 auf die Verlängerung Viechtach – Blaibach warten. Auf diesem Streckenabschnitt liegt mitten im Wald der »Bahnhof« Wimbach-Untergschaidt.
Aufnahme vom 26. 7. 1977

In den letzten Jahren hat die Regentalbahn insgesamt acht Wagen dieses zu Beginn der fünfziger Jahre von der Maschinenfabrik Esslingen entwikkelten Triebwagentyps zusammengekauft. VT 04, den wir beim Haltepunkt Gstadt auf dem Weg nach Gotteszell sehen, stammt ursprünglich aus dem Norden. Bis 1963 fuhr er für die Eisenbahn Altona – Kaltenkirchen – Neumünster, die ihn wiederum von der Bergedorf-Geesthachter Eisenbahn gekauft hatte.
Wer in Gstadt aussteigt und in den gleichnamigen Ort will, muß sich erst mit einem Ruderboot über den Fluß setzen lassen und dann einige Kilometer durch den Wald wandern.
Aufnahme vom 23. 7. 1977

3

4

An diesem Sommerabend benutzt kein einziger Fahrgast den Triebwagen von Viechtach nach Blaibach, der hier im Haltepunkt Krailing einfährt. Auch dieser Triebwagen hat eine bewegte Geschichte. Er entstammt einer größeren Serie von Reichsbahntriebwagen des Baujahres 1937, hieß dann bei der Deutschen Bundesbahn VT70921 und wurde von dieser 1960 an die Lokalbahn Lam – Kötzting verkauft, die seit 1973 mit der Regentalbahn fusioniert ist.

Streckeneröffnung: 2. 1. 1928
Aufnahme vom 26. 7. 1977

5

Der gleiche Triebwagen der Regentalbahn ist hier noch einmal auf der großen Regenbrücke bei Blaibach zu sehen, die als relativ frühes Beispiel einer großen Betonbrücke baugeschichtlich bemerkenswert ist.
Aufnahme vom 26. 7. 1977

6

Die Regentalbahn gehörte zu den letzten NE-Bahnen in Deutschland, die Dampflokomotiven einsetzten. Bis 6. 10. 1975 beförderten diese die beiden einzigen Zugpaare auf der kurzen Strecke zwischen Deggendorf und Metten. Hier sehen wir die 1921 gebaute und 1974 verschrottete Lok »Teisnach« in Metten, wo sie für den Abendzug aufgerüstet wird.

Streckeneröffnung Deggendorf – Metten: 17. 10. 1891
Aufnahme vom 10. 10. 1969

Die Augsburger Localbahn betreibt eine kreisförmige Strecke um die Augsburger Innenstadt, die sukzessive ab dem 1. 5. 1892 eröffnet wurde und fast ausschließlich dem Güterverkehr der Augsburger Industrie diente und dient. Personenverkehr wurde nur von 1901 bis 1928 mit Fahrzeugen der Staatsbahn auf einer Zweiglinie nach Haunstetten durchgeführt.
Heute bedienen den Verkehr sechs gleiche Dieselloks von Krauss-Maffei, von denen die jüngste (Lok 26) hier im Localbahnhof Augsburg Ring eingefahren ist. Der Wagen hinter der Lok dient als Begleitwagen und ist ein Vorläufer der »Donnerbüchsen« genannten Einheitspersonenwagen der Deutschen Reichsbahn.
Aufnahme vom 5. 8. 1974

7

Die Württembergische Eisenbahn-Gesellschaft mbH (WEG) besitzt insgesamt sieben Bahnlinien in Württemberg und führt praktisch den gesamten Verkehr – also auch den schweren Güterverkehr – mit Triebwagen durch.
Kurz vor Neuffen begegnen wir hier (Bild 8) dem T11, der wohl einer der interessantesten deutschen Dieseltriebwagen ist. Er wurde 1929 von der Waggonfabrik Dessau als Benzoltriebwagen an die Deutsche Reichsbahn (Betr.-Nr. 764) geliefert, hieß dann bei der DB VT66906 und wurde zum Jahresende 1953 an die WEG verkauft. Für den schweren Kalksteinverkehr auf der Strecke Nürtingen – Neuffen erhielt der Wagen nicht weniger als vier Dieselmotoren mit je 210 PS. Auch die Stirnfronten des Wagens wurden etwas modernisiert, so daß man ihm seine über 50 Dienstjahre nicht sofort ansieht.
Streckeneröffnung Nürtingen – Neuffen:
1. 6. 1900
Aufnahme vom 13. 5. 1980

Der verschneite Winterwald auf der Schwäbischen Alb bildet die wirkungsvolle Kulisse für den 1956 gebauten T05 der Württembergischen Eisenbahn-Gesellschaft (Bild 9). Der Wagen ist seit nunmehr fast 25 Jahren das einzige Triebfahrzeug auf der WEG-Linie Amstetten – Gerstetten. Hier präsentiert er sich bereits in der neuen Farbgebung, in Orange.
Streckeneröffnung Amstetten – Gerstetten:
1. 7. 1906
Aufnahme vom 24. 12. 1976 bei Amstetten

8

9

10

Der Triebwagen, der hier gerade die Strecke zwischen Laufen und Untergröningen befährt, steht ebenfalls in Diensten der WEG. Allein die Baujahre der drei Fahrzeuge (1926, 1906 und 1963) machten deutlich, wie buntgewürfelt der Fahrzeugpark der NE-Bahnen ist. Der WEG-T04 gehörte früher der Deutschen Reichsbahn und ist 1980 einer der dienstältesten Dieseltriebwagen in Deutschland.

Streckeneröffnung Gaildorf – Untergröningen:
1. 10. 1903
Aufnahme vom 18. 1. 1975

11

Der ehemals preußischen Exklave Hohenzollern im Königreich Württemberg verdankt die Hohenzollerische Landesbahn (HzL) ihre Entstehung. Ihre erste Strecke wurde am 28. 3. 1900 eröffnet, und bis Heiligabend 1912 war das zusammenhängende Netz auf über 107 km angewachsen, die auch heute noch vollständig betrieben werden (z. T. nur Güterverkehr).

Den Personenverkehr versehen überwiegend die von zahlreichen Privatbahnen bekannten MAN-Schienenbusse, die sich von den Uerdinger Schienenbussen der DB und einiger Privatbahnen durch eine andere Fahrwerkkonstruktion unterscheiden.
Hier verläßt Triebwagen VT5 den Tunnel bei Veringenstadt auf der Fahrt nach Sigmaringen. Auffällig bei den HzL-Triebwagen sind die Stirntüren und Trittbleche, die dem Schaffner den Übergang in den Beiwagen ermöglichen sollen.
Streckeneröffnung Bingen – Burladingen: 6. 12. 1908
Aufnahme vom 15. 11. 1974

12

13

Das kleinbahnfreundlichste Land ist heute Baden-Württemberg. Auf 19 Streckennetzen wird heute noch Personenverkehr betrieben, davon allein auf sieben durch die Südwestdeutsche Eisenbahnen AG (SWEG).
Ein Triebwagen der Maschinenfabrik Esslingen (VT 114, ehemals Moseltalbahn) ist gerade von Aglasterhausen kommend in Neckarbischofsheim Nord eingefahren, um von dort auf der SWEG-Strecke nach Hüffenhardt weiterzufahren. Die Strecke nach Aglasterhausen gehört der DB und war einstmals Bestandteil der ersten internationalen Durchgangsstrecke Baden – Bayern. Nach Eröffnung der direkten Abkürzungsstrecke durch das Neckartal im Jahre 1879 verkümmerte sie zur Nebenbahn und wird heute z. T. durch die SWEG mitbedient. Da die DB kein Interesse mehr an dieser Linie hat, wird die SWEG die Bahn im Herbst 1981 käuflich übernehmen und mit nagelneuen Triebwagen weiterbedienen.
Streckeneröffnung Heidelberg – Meckesheim – Aglasterhausen – Mosbach (– Richtung Würzburg): 23. 10. 1862
Neckarbischofsheim Nord – Hüffenhardt: 16. 10. 1902
Aufnahme vom 20. 5. 1980

Der sich aus dem flachen Oberrheintal erhebende Kaiserstuhl hat der Kaiserstuhlbahn ihren Namen gegeben. Zusammen mit der DB-Bahnlinie Gottenheim – Breisach bildet sie eine kreisförmige Bahnlinie um den für seinen Weinanbau bekannten Berg. So wie hier in Oberrotweil zieht sich die

Bahn vor allem im Westen des Kaiserstuhls mitten durch die Weinberge.
Der MAN-Schienenbus VT 4.25 der Südwestdeutschen Eisenbahnen AG hat hier einige Minuten Aufenthalt, um den Gegenzug nach Breisach passieren zu lassen. In der Mitte des Zuges ein alter Reichsbahn-Steuerwagen (VS 145089, heute VB232), während der Fahrer den Triebwagen vom MAN-Steuerwagen an der Zugspitze aus (im Bild hinten) fernsteuert.
Streckeneröffnung Endingen – Breisach: 7. 9. 1895
Aufnahme vom 9. 8. 1977

14

Dieser Koloß sprengt alle Kleinbahndimensionen: Mit 121 t Dienstgewicht und 3800 PS ist die Lok 30 der Hersfelder Kreisbahn die stärkste und schwerste deutsche Diesellok.
Leider hat sie hier keine Möglichkeit mehr, ihre Höchstgeschwindigkeit von 160 km/h auszufahren. Die Maschine wurde 1962 von der Lokomotivfabrik Henschel in Kassel auf eigene Rechnung als Versuchs- und Vorführlok gebaut und war dann über zehn Jahre bei der DB leihweise als V320001 (später 232001-8) im Einsatz. Hier beförderte sie unter anderem beim Bahnbetriebswerk Kempten internationale Schnellzüge auf der schwierigen Allgäustrecke München – Lindau, machte Schnellfahrversuche auf der Strecke Bamberg – Forchheim und wurde auch mehrfach ins Ausland für Vorführfahrten verliehen. Nach Auslaufen des Mietvertrages mit der DB suchte Henschel einen Käufer. Die Hersfelder Kreisbahn – durchaus nicht dem Größenwahn verfallen – griff zu. Dazu muß man wissen, daß es längs der DDR-Grenze zwischen Philippsthal und Widderhausen eine DB-Strecke gibt, die durch die Zonengrenzziehung keinen Anschluß an das übrige DB-Netz mehr hat und einen sehr starken Kaliabfuhrverkehr aufweist. Dieser erfolgte nach der Grenzziehung größtenteils über einen Umweg über Gerstungen in der DDR, wobei er je nach politischer Wetterlage auch schon einmal unterbrochen wurde. Dann mußten die Kalizüge ausschließlich über die durch starke Steigungen wenig leistungsfähige Strecke der Hersfelder Kreisbahn geleitet werden, wozu jedesmal zwei DB-Lokomotiven vor die 1000 t schweren Züge gespannt wurden. Seit 1969 ist die Grenze nun wieder dauerhaft geöffnet, und heute wird der Kaliverkehr z. T. über Gerstungen und z. T. über die Hersfelder Kreisbahn geleitet, die ihren Anteil nun endlich mit einer genügend starken und zudem eigenen Lok bewältigen kann.
Streckeneröffnung Bad Hersfeld – Heimboldshausen: 26. 9. 1912
Aufnahme vom 3. 9. 1978 vor der Werkstatt in Schenklengsfeld

15

Eine typische Privatbahndiesellok ist die ehemalige Wehrmachtslok WR360C geworden. Bei Kriegsende wurden die Überreste des ursprünglich einige Hundert Einheiten umfassenden Bestandes von zahlreichen Bahnverwaltungen übernommen, so von der Deutschen Bundesbahn, der Deutschen Reichsbahn, den Österreichischen Bundesbahnen, zahlreichen Privatbahnen, Industriebetrieben und den Anschlußbahnen der Besatzungsstreitkräfte.

Die abgebildete Maschine wurde 1941 in Kiel für die Deutsche Wehrmacht gebaut, kam nach Kriegsende als V36301 zur DB und wurde 1961 als V11 an die Mindener Kreisbahn verkauft.

Minden ist Mittelpunkt eines ursprünglich vier Schmalspurstrecken umfassenden etwa 83 km langen Kleinbahnnetzes, das zwischen dem 4.12. 1898 und dem 1. 5. 1921 eröffnet wurde. Bis Ende 1957 wurde der gesamte Betrieb auf Normalspur umgebaut. Inzwischen wurden einige Streckenteile abgebaut und im Januar 1974 der Personenverkehr eingestellt.

Aufnahme vom 19. 5. 1967 in Minden

So reisten wir früher in der »Holzklasse«. Nach der vollständigen Einstellung des Personenverkehrs bei der Teutoburger Wald-Eisenbahn am 31. 10. 1978 blieben einige Wagen für Sonderfahrten erhalten. Dieser hier, der VB 126, wurde 1925 in Königsberg gebaut und hat eine wichtige Funktion, da er als einziger ein »stilles Örtchen« besitzt. Die Reisenden in den anderen Wagen müssen bei Bedarf über die offenen Übergangsbühnen herüberkommen.
Streckeneröffnung Ibbenbüren – Lengerich – Laer: 19. 7. 1901
Stillegung Personenverkehr Ibbenbüren – Lengerich – Versmold: 26. 5. 1968
Aufnahme vom 11. 4. 1980 in Lengerich-Hohne

16

Dampfbetrieb gab es bei der Teutoburger Wald-Eisenbahn bis Anfang der siebziger Jahre und neuerdings wieder mit Museumsdampflokomotiven. Die 1929 von Henschel gebaute Lok 223 der TWE hat ein sehr wechselhaftes Schicksal hinter sich: Zusammen mit ihrer ersten Eigentümerin der Eutin-Lübecker Eisenbahn wurde die damalige Lok 14 Ende 1940 »verreichlicht« und hieß fortan bei der Deutschen Reichsbahn 75 634.
Im November 1946 kam sie dann zur TWE und im November 1970 zur Farge-Vegesacker Eisenbahn, wo sie am 20. 11. 1971 zum letzten Mal eingesetzt wurde. Heute gehört sie einer Museumsbahn, die sie nach einer Hauptuntersuchung wieder zwischen Schönberg und Schönberger Strand einsetzen will.
Aufnahme vom 18. 5. 1969 in Lengerich Pbf

17

18

Eine Nebenlinie der Teutoburger Wald-Eisenbahn führt von Brochterbeck zum Hafen Saerbeck am Dortmund-Ems-Kanal. Hier kann man neben Schiffen auch noch alte Dampfkräne bewundern, die den Umschlag Bahn/Schiff besorgen. Die Lok (Köf 10) gehört zur Bauart der sogenannten Kleinlokomotiven, von denen auch die DB einige Hundert besitzt. Die hier abgebildete wurde 1942 von Schwartzkopff in Berlin für die Wehrmacht gebaut, und wurde 1962 von der TWE bei einer Firma in Bremen gekauft.

Streckeneröffnung Brochterbeck – Saerbeck: 19. 7. 1901
Stillegung Personenverkehr Brochterbeck – Saerbeck: 1917
Aufnahme vom 22. 7. 1974

Nachdem wir bei der Teutoburger Wald-Eisenbahn schon recht unterschiedliche Fahrzeuge kennengelernt haben, soll auch ein Bild der »neuen« sechsachsigen Diesellok 201 nicht fehlen.
Auch diese Maschine ist wie die schon besprochene Lok 30 der Hersfelder Kreisbahn eine Probe- und Vorführlokomotive. Die 2000-PS-Maschine wurde 1957 von der Fa. Klöckner-Humboldt-Deutz (Köln) gebaut, lief zunächst bei der DB und dann über zwei Jahre bei den Norwegischen Staatsbahnen (NSB) auf der sehr schwierigen Gebirgsstrecke Oslo – Bergen. Von Januar 1961 bis Januar 1980 gehörte sie als D 1 zur uns inzwischen vertrauten Regentalbahn. Ihr neuer Besitzer ist die Deutsche Eisenbahn Gesellschaft in Frankfurt/M., die als Betriebsführerin die Lok an die TWE verliehen hat.
Aufnahme vom 16. 5. 1980 in Lengerich-Hohne

19

20

21

Mit zwei Bildern von der Teutoburger Wald-Eisenbahn wollen wir einen besonderen Fahrzeugtyp, die Draisinen, vorstellen. Während wir oben eine Handhebeldraisine für »manuellen« Betrieb sehen, findet sich in der unteren Aufnahme die moderne Konkurrenz mit Benzinmotor.
Draisinen werden überwiegend für den innerbetrieblichen Dienst – zur Streckeninspektion oder bei Bauarbeiten – verwendet.
Aufnahmen vom 18. 4. 1971 in Lengerich-Hohne

Die Georgsmarienhütten-Eisenbahn diente und dient fast ausschließlich dem Verkehr zum Stahlwerk Georgsmarienhütte. Dennoch konnte jeder die Personenzüge auf der am 2. 1. 1873 für den öffentlichen Verkehr freigegebenen Strecke Hasbergen – Georgsmarienhütte benutzen.
Für den Personenverkehr hatte man 1969 von der DB je zwei 1936 gebaute Dieseltriebwagen der Baureihe VT 36^5 mit Steuerwagen VS 145 gekauft, von denen wir hier eine Garnitur im Bahnhof Wulfskotten sehen.
Einstellung des Personenverkehrs Hasbergen – Georgsmarienhütte: 1. 10. 1978
Aufnahme vom 16. 3. 1971

22

Auch die Verkehrsbetriebe Salzgitter sind eigentlich eine reine Montanbahn, die nur nebenher einen öffentlichen Personenverkehr auf einem Teil des ab 1938 entstandenen riesigen Werkbahnnetzes der Stahlwerke Salzgitter durchführten.
Der für diese Bahn 1957 im eigenen Konzern (Fa. Linke-Hofmann-Busch) entwickelte Leichtmetall-Gliedertriebzug hat daher auch nach einem Preisausschreiben den treffenden Namen »Hüttenflitzer« erhalten.
Leider ist er ein Einzelstück geblieben und diente nach der Einstellung des gesamten Personenverkehrs nur noch gelegentlichen Sonderzwecken.
Einstellung des Personenverkehrs: 21. 3. 1976
Aufnahme vom 12. 5. 1973

23

24

25

Auch im dünn besiedelten Emsland gibt es noch einige Privatbahnen, wie hier die Meppen-Haselünner-Eisenbahn bei Schleper. Auffallend ist die Sandbettung der Gleise, die früher bei Kleinbahnen häufig üblich war und heute meist einer Schotterbettung Platz gemacht hat.
Streckeneröffnung Meppen – Haselünne: 17. 10. 1894. Einstellung des Personenverkehrs: 31. 12. 1970. – Aufnahme vom 6. 6. 1976

Die Hümmlinger Kreisbahn besitzt am Bahnhof Werlte diese alte Bahnhofsuhr (Bild 25). Mit der Einführung der 24-Stunden-Zeit bei den Eisenbahnen (zum Sommerfahrplanwechsel am 15. 5. 1927) hat man sie mit den Ziffern 13–24 bemalt, um dem geschätzten Reisepublikum die Umgewöhnung zu erleichtern. – Die Hümmlinger Kreisbahn ist ein »Ölgewinnler«, denn durch die Ölförderung im Emsland war es ihr möglich, die Bahn 1957 von Schmalspur (750 mm) auf Normalspur (1435 mm) umzubauen.
Streckeneröffnung Lathen – Werlte: 15. 8. 1898
Einstellung Personenverkehr: 31. 3. 1970
Aufnahme vom 14. 5. 1978

Noch einmal Glück gehabt hat die Bahnlinie von Vorwohle nach Emmerthal. Zum Jahresende 1966 war dem Personal gekündigt, und der Personenverkehr war schon zum 25. 9. 1966 eingestellt worden. Dann gelang es einem Interessenverband aus Landkreis, Gemeinden und Industrieanliegern, die Bahn zu retten. Nachdem ein Triebwagen buchstäblich vom Schrotthändler zurückgekauft worden war, konnten ab 1. 12. 1968 auch wieder Personen befördert werden.
Kurios ist der Verkehr auf dem letzten Teilstück von Bodenwerder-Linse nach Kirchbrak, denn hier verkehren die meisten Züge nur bei Bedarf. Für die Rückfahrt von Kirchbrak aus muß man Glück haben, da man ja nicht weiß, ob auf der Hinfahrt »Bedarf« bestand.
Diesmal bestand Bedarf (der Fotograf als einziger Fahrgast), und der Uerdinger Schienenbus VT2 fährt nun leer von Kirchbrak nach Bodenwerder-Linse zurück.
Streckeneröffnung Vorwohle – Emmerthal: 9. 10. 1900. – Aufnahme vom 5. 5. 1980

26

27

Die Kiel-Schönberger-Eisenbahn fährt nur noch zweimal am Tag zwischen den beiden namensgebenden Orten. Hier wird der Zug für die abendliche Fahrt nach Schönberg im 1899–1911 eröffneten zweiten Kieler Hauptbahnhof bereitgestellt.
Der Wagen ist ein Triebwagenanhänger (VB 161) der Bauart Esslingen, die uns schon in den Bildern 3 und 12 in diesem Buch begegnet ist. Die typische Privatbahndiesellok V82 ist 1958 in Kiel bei der MaK gebaut worden, während die links auf Ausfahrt wartende DB-Lok zur bekannten Baureihe V200 (heute 220) gehört. Früher endeten Privatbahnzüge fast grundsätzlich in eigenen Kleinbahn-Bahnhöfen abseits der Staatsbahnanlagen.
Dieses, das Umsteigen erschwerende Verfahren, gehört in Kiel seit 1954 der Vergangenheit an.
Erste Eisenbahn in Kiel (nach Altona) eröffnet: 18. 9. 1844
Streckeneröffnung Kiel–Schönberg: 7. 7. 1897
Aufnahme vom 13. 9. 1976

Inzwischen hat der Zug der Kiel-Schönberger-Eisenbahn bereits sechsmal gehalten, und wir befinden uns im Haltepunkt Landgraben. Die letzte Sitzbank in dem Triebwagenanhänger VB 161 bietet eine schöne Streckensicht.
Aufnahme vom 13. 9. 1976

28

29

Aus den neuen Nachkriegs-Eilzugwagen der DB entwickelte die MaK in Kiel einen Triebwagentyp für Kleinbahnen, von dem neben deutschen und dänischen Bahnen auch die Kleinbahn Kiel–Schönberg drei Wagen erwarb. Das markante »Gesicht« dieser Fahrzeuge zeigt die Aufnahme im Lokschuppen des Bahnhofs Schönberg (VB 181). Die meisten Wagen dieses sehr modernen Fahrzeugtyps wurden inzwischen nach Italien verkauft.
Von Schönberg führt übrigens noch eine Streckenverlängerung nach Schönberger Strand an die Ostsee, die heute ausschließlich als Museumsbahn genutzt wird.
Streckeneröffnung Kiel–Schönberg: 7. 7. 1897
Streckeneröffnung Schönberg–Schönberger Strand: 18. 6. 1914
Gesamtstillegung Schönberg–Schönberger Strand: 1. 6. 1975 (heute Museumsbahn)
Aufnahme vom 13. 9. 1976

Wenngleich man bei Kleinbahngleisen etwas großzügiger als z. B. bei Schnellfahrstrecken sein darf, so ist auch hier irgendwann das Toleranzmaß voll. Dann rückt der Gleisbautrupp mit seiner Draisine an, einzelne Schwellen werden erneuert, die Lage der Gleise neu ausgerichtet, und der Bahnbetrieb kann wieder gefahrlos aufgenommen werden. Bei der Schleswiger Kreisbahn in der Nähe des Bahnhofs Schleswig Altstadt wird das Gleis aufgearbeitet. Die Maschine vorne rechts auf dem Gleis dient zum Verschrauben der Schwellenschrauben.
Streckeneröffnung Schleswig-Altstadt–Süderbrarup: 15. 5. 1883
Stillegung Personenverkehr Schleswig-Altstadt–Süderbrarup: 27. 5. 1972
Aufnahme vom 14. 9. 1976

30

31

Der Güterzug aus Schleswig ist im DB-Bahnhof Süderbrarup angekommen, und da auf der Hinfahrt keine Güterwagen zu fahren sind, besteht der Güterzug eben nur aus der Henschel-Diesellok 34 der Verkehrsbetriebe des Kreises Schleswig. Ehe der Zug nun nach Kappeln am Ufer der Schlei weiterfährt, macht das Personal eine Frühstückspause in der gegenüber dem Bahnhof liegenden Gaststätte.
Süderbrarup hat seit dem 21. 12. 1881 Eisenbahnanschluß durch die heutige DB-Linie Kiel–Flensburg, die bis 1. 7. 1903 auch eine private Eisenbahngesellschaft war. 1883 erfolgte der schon erwähnte Anschluß nach Schleswig und 1904 nach Kappeln.
Und während unsere Mannschaft im Gasthof die Butterbrote auspackt, wollen wir uns einem Kapitel zuwenden, auf das viele Eisenbahnfreunde sicher schon gewartet haben: den Dampflokomotiven.
Streckeneröffnung Süderbrarup – Kappeln: 22. 12. 1904
Stillegung Personenverkehr Süderbrarup – Kappeln: 27. 5. 1972
Aufnahme vom 15. 9. 1976

DB
038772
Gew. Lok u. Tender 120 t
Br. Gew P 91 t
G 77 t
Wasser 21,5m³
Kohle 7 t
Knorr-Bremse Kp-GP m Z
Gestängebauart: Te 1917
WM 60

32

Kapitel 2

Abschied vom Dampf

Die Dampflokzeit der Deutschen Bundesbahn ging am 26. 10. 1977, um 16.04 Uhr zu Ende, als Lokführer Resnitschenko und Heizer Gröning von ihrer schweren Güterzuglok 043 903-4 im Bahnbetriebswerk Emden herunterkletterten.
Schon einige Jahre vorher waren Dampflokomotiven nur noch im schweren Hauptbahndienst eingesetzt worden, wobei besonders die Lokomotiven der Baureihen 01^{10}, 41 und 44 (alle mit Ölfeuerung) vom Bahnbetriebswerk Rheine und die mit Kohle gefeuerten 44er und 50er im Ruhrgebiet zu erwähnen sind.
Da der Nebenbahndienst durch lange Standzeiten und ungleichmäßige Auslastung für Dampflokomotiven besonders unwirtschaftlich ist (eine Dampflok kann man ja nicht per Knopfdruck an- und abstellen), bemühte sich die DB seit 1950 vor allem um die rasche »Verdieselung« der Nebenbahnen. Hier sind vor allem der Schienenbus – dem wir ein eigenes Kapitel gewidmet haben – und die Diesellok der Reihe V 100 zu nennen.
So sind im Jahre 1970, dem Beginn unserer Betrachtungen, nur noch sehr wenige Dampfloks in Nebenbahndiensten tätig. Die typische Nebenbahndampflok war eine Tenderlokomotive, also eine Lok, die ihre Vorräte an Wasser und Kohle auf der Lok selbst und nicht in einem gesonderten Schlepptender mitführte. Die wohl bekannteste dieser Maschinen war die preußische T3 (spätere Reihe 89^{70}), die ab 1882 gebaut wurde und von der sich auch noch einige wenige Maschinen in die »Neuzeit« gerettet haben.
Doch die Zeit der T3 war 1970 schon mindestens ein Vierteljahrhundert vorbei. An typischen Nebenbahntenderloks sind zu diesem Zeitpunkt nur die Lokomotiven der Baureihen 64 und 86 übriggeblieben. Beide gehörten zum ersten Neubautypenprogramm der 1920 gegründeten Deutschen Reichsbahn. Diese sogenannten Einheitslokomotiven zeichneten sich durch eine Vielzahl auch unter verschiedenen Bauarten austauschbarer Teile aus.
Während die Baureihe 64 mit 90 km/h Höchstgeschwindigkeit (und etwas größeren Treib- und Kuppelrädern) hauptsächlich für Personenzüge auf Nebenbahnen gedacht war, sollte die Baureihe 86 (70, später 80 km/h und eine Kuppelachse mehr) dort die Güterzüge übernehmen. Dabei ist zu bedenken, daß auch eine Geschwindigkeit von 80 km/h früher auf praktisch keiner Nebenbahn gefahren werden konnte und diese Leistungen nur für anschließende Hauptbahnabschnitte von Bedeutung waren. Die Loks der Baureihe 64 wurden von 1928 bis 1940 in insgesamt 520 Exemplaren gebaut, die 86er von 1928 bis 1943 in 776 Exemplaren. Davon waren am 1. 7. 1970 bei der DB nur noch 44 64er (in Weiden, Heilbronn, Aschaffenburg, Tübingen, Plattling und Nürnberg) und 44 86er (in Nürnberg, Goslar, Hof, Saarbrükken, Schwandorf, Mayen und Plattling) übriggeblieben. Am 9. 6. 1974 wurden die beiden letzten 86er (201 und 293) und am 5. 12. 1974 die beiden letzten 64er (415 und 419) ausgemustert.
Wir werden in unseren Bildern noch weiteren Bauarten begegnen, darunter auch solchen, die anfangs als Lokomotiven für den Hauptbahndienst gebaut worden waren und in ihren letzten Lebensjahren auf Nebenbahnen »abgeschoben« wurden.
Bisher haben wir nur über die Dampflokomotiven der Deutschen Bundesbahn gesprochen. Das Gesagte gilt – mit Einschränkungen – auch für die Deutsche Reichsbahn in der DDR.
Die Einstellung des Dampfbetriebs bei den nichtbundeseigenen Eisenbahnen fand, wie schon im vorigen Kapitel erwähnt, im Durchschnitt einige Jahre früher statt als bei der DB. Zwei der letzten Vertreter der Dampfloks auf Privatbahnen haben wir dort bereits kennengelernt, so daß wir uns im folgenden Teil auf Bilder von DB-Dampfloks beschränken wollen. In den Kapiteln über Schmalspurbahnen, die großen Privatbahnen und die Industriebahnen wird es dann noch einmal »dampfen«.

Eine der bekanntesten deutschen Lokomotiven überhaupt war die preußische P8, eine Personenzuglokomotive, die von 1906 bis 1923 allein für deutsche Bahnen 3561mal gebaut worden ist. Diese später bei der Deutschen Reichsbahn als Baureihe 38^{10} bezeichnete Lok war während ihrer Jugendzeit auch häufig im Schnellzugdienst anzutreffen. Die letzten Exemplare, die bis Ende 1974 beim Bahnbetriebswerk Rottweil im Einsatz standen, wurden auf eingleisigen Hauptbahnen und der Nebenbahn Rottweil – Villingen »abgefahren«. Hier (Bild 32) wartet die 1915 von Schichau in Elbing gebaute 038772-0 im Bahnbetriebswerk Rottweil auf ihren nächsten Einsatz.
Erste Eisenbahn in Rottweil: 23. 7. 1868 (Rottweil – Talhausen)
Streckeneröffnung Rottweil – Villingen: 26. 8. 1869
Aufnahme vom 9. 12. 1973

33

Der Zug ist in Hausach im Schwarzwald angekommen, die Lok abgekuppelt und auf der Drehscheibe gewendet. Nun findet sich Zeit, die neuesten Nachrichten zu studieren.
Die früher bei Dampflokomotivführern typische Mütze war nicht nur ein Statussymbol, sondern beim ständigen Fahrtwind und Ruß praktisch zugleich.
Erste Eisenbahn in Hausach: 2. 7. 1866 (Hausach – Offenburg)
Aufnahme vom 28. 3. 1974

34

Durch ihren mit 15 t relativ niedrigen Achsdruck waren die von 1939 bis 1944 an die Reichsbahn gelieferten 3146 Güterzuglokomotiven der Baureihe 50 problemlos auch auf Nebenbahnen einsetzbar.
Hier die 1941 von Krupp in Essen gebaute Lok 051741-7 im Lokschuppen des Bahnbetriebswerkes Ulm.
Erste Eisenbahn in Ulm: 1. 6. 1850 (Ulm – Biberach)
Aufnahme vom 30. 9. 1974

35

Noch einmal eine Lok der Baureihe 38^{10} ist hier auf dem Weg von Freudenstadt nach Hausach. Die Strecke wird auch die württembergische Schwarzwaldbahn genannt und ist von ihrer rechtlichen Stellung her eine eingleisige Hauptbahn.
Diese P8 ist ebenfalls in Rottweil stationiert und wurde 1918 von Henschel (Kassel) geliefert. Hier hat der Zug den Tunnel bei Schenkenzell verlassen und passiert nun ein typisches Bahnwärterhaus der ehemaligen Königlich Württembergischen Staatseisenbahnen. Bei den vier angekuppelten Wagen handelt es sich um sogenannte Umbauwagen, die von der DB aus alten – meist preußischen – dreiachsigen Abteilwagen und neuen Aufbauten hergestellt wurden.
Streckeneröffnung Freudenstadt – Schiltach: 4. 11. 1886
Aufnahme vom 30. 4. 1974

36

Mit Wirkung vom 1. 1. 1968 erhielten alle bei der DB vorhandenen Lokomotiven und Triebwagen eine neue computergerechte Nummer. Aus der Baureihe 64 wurde die Reihe 064 (0 für Dampflokomotiven), die Ordnungsnummer (hier 235 bzw. 271) blieb erhalten, und zusätzlich wurde eine Kontrollnummer hinzugefügt, die aus den ersten sechs Ziffern errechnet wird. Im Lokschuppen des Bahnbetriebswerkes Heilbronn stehen zwei 64er, eine noch mit alter und eine mit neuer Nummer, nebeneinander. Auch für die neuen Nummern wurden später noch Schilder – allerdings mit aufgemalten statt erhabenen Ziffern – hergestellt.
Erste Eisenbahn in Heilbronn: 25. 7. 1848 (Bietigheim – Heilbronn)
Aufnahme vom 3. 9. 1968

37

Mit der Baureihe 64 sind wir nun endlich im Bereich der »echten« Nebenbahndampfloks angekommen, hier allerdings noch auf einer zweigleisigen Hauptstrecke. Vor der Kulisse des Hohenstaufen bei Lorch in Württemberg sehen wir eine 64er vom Bahnbetriebswerk Aalen mit ihrem Personenzug.
Streckeneröffnung Bad Cannstatt – Wasseralfingen: 25. 7. 1861
Aufnahme vom Frühjahr 1967

Eine der letzten Eisenbahnstrecken, auf denen 64er fuhren, war die Nebenbahn von Neustadt an der Waldnaab nach Eslarn. Hier rangiert 064415-3 ihren Nahgüterzug in Eslarn. Unmittelbar hinter der Lok ist der früher bei allen Güterzügen unentbehrliche Güterzugbegleitwagen für den Zugführer angekuppelt.
Kurze Zeit nach dem letzten 64er-Einsatz wurde auch das Teilstück Eslarn – Floß für den Personenverkehr stillgelegt.
Streckeneröffnung Waidhaus – Eslarn: 1. 10. 1908
Stillegung Personenverkehr Floß – Eslarn: 1. 6. 1975
Aufnahme vom 3. 6. 1971

38

39

Miltenberg – ein pittoreskes Fachwerkstädtchen am Main, zwischen Odenwald und Spessart gelegen, war jahrelang auch ein Mekka der Dampflokomotivfreunde. Der Bahnhof Miltenberg ist Ausgangspunkt einer eingleisigen Hauptbahn nach Aschaffenburg sowie zweier Nebenbahnen nach Seckach und Wertheim. Interessant war früher die Betriebssituation im ehemaligen Sackbahnhof bei durchgehenden Zügen, z. B. beim Eilzug Frankfurt/M. – Friedrichshafen: Nachdem der Zug aus Richtung Aschaffenburg in Miltenberg eingelaufen war, mußte er mit einem winkenden Rangierer, der auf dem Trittbrett des letzten Wagens stand, einige hundert Meter zurücksetzen, um dann wieder vorwärts die Rampe der Mainbrücke zur Weiterfahrt nach Wertheim zu erklimmen. Leider gibt es diese Situation nicht mehr, seitdem der Hauptbahnhof auf die andere Mainseite nach Miltenberg-Nord verlegt worden ist.
Hier wartet die 1928 gebaute 064 106-8 vor dem malerischen Lokschuppen auf ihren nächsten Einsatz.
Streckeneröffnung
  Miltenberg – Aschaffenburg: 12. 11. 1876
  Miltenberg – Amorbach: 15. 4. 1880
  Miltenberg – Stadtprozelten: 21. 5. 1906
Aufnahme vom 12. 10. 1970

40

Die gleiche Lok hier noch einmal im Detail zusammen mit einem alten Wasserkran. Hinter dem Schornstein das Dampfläutewerk, durch das der Ausdruck »Bimmelbahn« für die Nebenbahnen geprägt wurde. Anfangs erhielten auch Diesel- und Elektroloks, die auf Nebenbahnen eingesetzt wurden, noch ein Läutewerk. Heute finden wir an Nebenbahnstrecken statt der Tafel LP (Läuten und Pfeifen) nur noch das Zeichen P.
Aufnahme vom 12. 10. 1970

41

Nachdem der Zug mit der 064305-6 den Bahnhof Miltenberg verlassen hat, nähert er sich nun dem Schloßpark von Kleinheubach. Die kühle Witterung läßt den Dampf gut zur Wirkung kommen.
Streckeneröffnung Aschaffenburg – Miltenberg: 12. 11. 1876
Aufnahme vom 9. 4. 1973 bei Miltenberg

Einige Kilometer weiter stromabwärts im Maintal liegt der Ort Klingenberg, der für seinen unterhalb der Burgruine angebauten Rotwein bekannt ist. 064019-3 zieht einen Personenzug, bestehend aus den schon erwähnten dreiachsigen Umbauwagen, nach Aschaffenburg.
Streckeneröffnung Aschaffenburg – Miltenberg: 12. 11. 1876
Aufnahme vom 16. 10. 1970

42

43

Von den 168 Dampflokomotiven der Nachkriegsbaureihen der DB gehörten 18 zur Baureihe 65. Die Strecke Aschaffenburg – Miltenberg war auch für diesen Typ die letzte Einsatzstrecke. Vor dem Miltenberger Stadttor sehen wir hier die 1951 von Krauss-Maffei (München) gebaute 065 001-0.
Aufnahme vom 11. 1. 1971

44

Die Lokomotiven der Baureihe 86 haben wir schon in der Einleitung zu diesem Kapitel erwähnt.
Die 1932 gebaute 086 095-7 zieht hier rückwärts fahrend den Nebenbahnzug von Beilngries nach Neumarkt.
Streckeneröffnung Neumarkt – Beilngries: 1. 6. 1888
Aufnahme vom 30. 3. 1970 bei Plankstetten

45

46

Eine andere 86er, die 1942 gebaute 086745-7, erhält am Wasserkran des Bahnhofs Coburg neues Wasser für die nächste Fahrt.
Ausgehend von Coburg wird ein größeres Netz von Nebenbahnen betrieben, das jedoch durch die Grenzziehung nach dem Zweiten Weltkrieg zum Teil unterbrochen ist.
Unsere 86 wird sich gleich vor den Zug im Hintergrund setzen und im Schneegestöber nach Rossach fahren.
Besonders bei starken Schneefällen griff man in den letzten Jahren des Dampfbetriebs auf Dampfloks zurück, da die leichten Schienenbusse im hohen Schnee zu entgleisen drohten.
Erste Eisenbahn in Coburg: 2. 11. 1858 (Sonneberg – Eisenach)
Streckeneröffnung (Coburg-)Creidlitz – Rossach: 4. 12. 1900
Aufnahme vom 7. 2. 1970

Das Haupteinsatzgebiet der zwischen 1913 und 1924 in 1242 Exemplaren gebauten preußischen T 16[1] (später Baureihe 94[5]) war der schwere Rangierdienst in den großen Rangierbahnhöfen. Aber auch im Einsatz auf gebirgigen Nebenbahnen bewährten sich Loks dieser Bauart sehr und konnten z. B. in den zwanziger Jahren auf manchen Steilstrecken den aufwendigen Zahnradbetrieb ersetzen.
Hier wartet im Morgennebel die 1921 von Schwartzkopff in Berlin gebaute 094186-4 in Goslar auf ihren Sonderzug nach Altenau im Harz.
Erste Eisenbahn in Goslar: 23. 3. 1866 (Goslar – Vienenburg)
Aufnahme vom 20. 2. 1972

47

Das ist sie – die sagenhafte preußische T 3, die um die Jahrhundertwende die Standardlok bei staatlichen Nebenbahnen wie auch bei privaten Kleinbahnen war. Wie schon erwähnt, haben sich nur wenige Einzelstücke bis in die Nachkriegszeit oder gar bis 1970 halten können.
Hier sehen wir die letzte bei der DB im Einsatz befindliche T3 der preußischen Staatsbahn im Ausbesserungswerk Schwerte. Während ihre letzten beiden Schwestern schon 1961 ausgemustert wurden, verdankt diese ihr langes Leben dem Einsatz im internen Verkehr des Ausbesserungswerkes Schwerte. Dafür mußte sie sich mit dem Namen »Gerätenummer 6002« zufriedengeben und war erst im neuen Nummernplan ab 1. 1. 1968 wieder als 089 002-0 verzeichnet.
Aufnahme vom 10. 2. 1967

48

Die Königlich Bayerischen Staatsbahnen prägten 1884 für ihre untergeordneten Bahnen den Begriff »Localbahnen«, für die auch spezielle Localbahnlokomotiven entwickelt wurden. Bei der Übernahme durch die Deutsche Reichsbahn erhielten die zahlreichen Typen von Localbahnlokomotiven die einheitliche Baureihenbezeichnung 98. Nur eine einzige erlebte noch betriebsfähig das Jahr 1970: Hier steht die 1914 bei Krauss in München gebaute 98 812 im Bahnbetriebswerk Schweinfurt, von wo aus sie regelmäßig auf der Strecke Bad Neustadt (Saale) – Königshofen im Grabfeld eingesetzt wurde. Im Führerhaus liegt neues Anmachholz zum Anheizen. Nach der Ausmusterung bei der DB wurde sie bei einem Preisausschreiben als Hauptgewinn verlost und fährt heute für eine Museumsbahn.
Erste Eisenbahn in Schweinfurt: 3. 11. 1852 (Schweinfurt – Haßfurt)
Streckeneröffnung Neustadt – Königshofen: 1. 10. 1893
Stillegung Personenverkehr Neustadt – Königshofen: 30. 5. 1976. – Aufnahme vom 1. 8. 1967

49

Das ist das Ende ... – Von der 1954 bei Henschel in Kassel gebauten Personenzuglok 23040 sind nur noch die fünf Achsen und die beiden Zylinderblöcke übriggeblieben.
Die Baureihe 23 wurde von 1950 bis 1959 in 105 Exemplaren als schwere Personenzuglok gebaut und war in zahlreichen Bahnbetriebswerken anzutreffen. Die Crailsheimer Loks konnte man u. a. auch mit dem schon erwähnten Eilzug Frankfurt – Friedrichshafen im Nebenbahnabschnitt Miltenberg – Wertheim beobachten. Zum Crailsheimer Bestand gehörte auch kurze Zeit die 23105, die als letztgebaute Dampflok der DB am 4. 12. 1959 ihren Dienst antrat.
Erste Eisenbahn in Crailsheim: 15. 11. 1866 (Crailsheim – Goldshöfe)
Aufnahme vom 8. 1. 1976 in Crailsheim

50

Kapitel 3

Elektrisch auch auf Nebenbahnen

Elektrifizierte Nebenbahnen sind im deutschen Eisenbahnnetz recht selten. Dies ist verständlich, wenn man bedenkt, daß erhebliche Investitionen für die Elektrifizierung erforderlich sind, die sich nur bei starkem Verkehrsaufkommen amortisieren. Dennoch nahm der elektrische Zugbetrieb in der Zeit um die Jahrhundertwende seinen Ausgang überwiegend auf Nebenbahnen, da hier die geringeren Verkehrsanforderungen die versuchsweise Einführung der jungen Technologie begünstigten. Der bis dahin – hauptsächlich bei Straßenbahnen – erprobte Betrieb mit Gleichstrom eignete sich zudem nur für kürzere Strecken, und auch strategische Befürchtungen (z. B. des preußischen Generalstabes bei der geplanten Elektrifizierung der Strecke Kiel – Altona) verhinderten die Elektrifizierung der Hauptbahnen.
Seit der ersten elektrischen Bahn der Welt, einer kleinen Ausstellungsbahn von Siemens auf der Berliner Gewerbeausstellung (31. 5. 1879), und der ersten elektrischen Straßenbahn der Welt in Berlin-Lichterfelde (16. 5. 1881) hatte sich der Gleichstrombetrieb bis 1900 weltweit bei Straßenbahnen durchgesetzt. Es lage nahe, daß auch die erste elektrische Vollbahn Europas, die private Localbahn Meckenbeuren – Tettnang (3. 12. 1895) mit diesem System betrieben wurde. Gleichstrom hat allerdings den Nachteil hoher Spannungsverluste beim Transport über längere Entfernungen, so daß man bald nach einem anderen System Ausschau hielt. Nach einigen Vorversuchen mit Drehstromsystemen ab 1892 ist vor allem die versuchsweise Elektrifizierung der Königlichen Militär-Eisenbahn von Marienfelde nach Zossen mit Drehstrom zu erwähnen, auf der 1903 mehrfach die sagenhafte Geschwindigkeit von über 210 km/h mit zwei Triebwagen erreicht wurde. Wenngleich die Leitungsverluste beim Drehstrom gering sind, so störte doch erheblich die notwendige komplizierte zweipolige Fahrleitung. Einen Ausweg bot dann der noch heute bei der DB ausschließlich übliche Einphasen-Wechselstrom niedriger Frequenz, der ab dem 1. 1. 1905 erstmalig in Deutschland bei der privaten Localbahn Murnau – Oberammergau zur Anwendung gelangte. In den folgenden Jahrzehnten entstanden in Preußen (Schlesien und Mitteldeutschland), Bayern und Baden elektrifizierte Staatsbahnnetze mit diesem Stromsystem, wobei neben Hauptbahnen z. T. auch gebirgige Nebenstrecken elektrifiziert wurden. Daneben bedienten sich auch zahlreiche Privatbahnen des elektrischen Betriebes, wobei aber aus Kostengründen und wegen der nur geringen Streckenlänge dem Gleichstrom auch weiterhin der Vorzug gegeben wurde.
Während heute über 80% der gesamten Betriebsleistungen der DB elektrisch gefahren werden, sieht es bei den Privatbahnen ganz anders aus. Zahlreiche private Bahngesellschaften haben in den letzten Jahren den elektrischen Betrieb auf Dieselloks umgestellt, um die teure Unterhaltung der Fahrleitungsanlage zu sparen. Sieht man von den Bergbahnen und den Stadtschnellbahnen bzw. straßenbahnähnlichen Betrieben im Bereich großer Städte ab, so gibt es nur noch zwei Privatbahnen mit elektrischem Betrieb in Deutschland: die Trossinger Eisenbahn von Trossingen-Stadt nach Trossingen-Bahnhof und die nur noch Güterverkehr betreibende Extertalbahn von Rinteln nach Barntrup.
Auch die DB hat in den Nachkriegsjahren einige elektrifizierte Nebenbahnen entweder ganz stillgelegt bzw. auf Dampf- oder Dieselbetrieb umgestellt.
Auch die schon erwähnte erste elektrische Vollbahn Europas von Meckenbeuren nach Tettnang wurde, nachdem sie 1938 verstaatlicht worden war, von der DB ab 1. 2. 1962 mit Dieselschienenbussen befahren. Seit dem 30. 5. 1976 ruht dort der Personenverkehr völlig, und nur noch der Güterverkehr wird weiter betrieben.
Vielleicht wird die Energiekrise die letzten wenigen elektrischen Nebenbahnen noch für eine Weile retten . . .

51

Die erste elektrische Bahn Deutschlands mit Einphasen-Wechselstrom war die Localbahn Murnau – Oberammergau. Sie sollte erst mit Drehstrom betrieben werden, wurde dann mit Dampfloks eröffnet und nach Übernahme durch die Lokalbahn AG (LAG) in München mit dem neuen Stromsystem elektrifiziert. 1938 wurde die LAG verstaatlicht, und die vorhandenen fünf Elektroloks LAG 1-5 wurden als E 69 01-05 bezeichnet. Die hier gezeigte 169 002-3 (ehemals E 69 02) ist heute die älteste betriebsfähige Lok der DB (Bild 50). Sie ist – von einer neunjährigen Unterbrechung abgesehen – seit dem 19. 5. 1909 bis heute auf ihrer Stammstrecke im Einsatz.
Streckeneröffnung Murnau – Oberammergau: 5. 4. 1900
Elektrifizierung: 1. 1. 1905
Aufnahme vom 15. 3. 1969 in Oberammergau

Die 1912 gebaute Schwesterlok 169 003-1 ist hier mit ihrem Personenzug in Saulgrub eingefahren (Bild 51). Die beiden Wagen sind etwa 60 Jahre jünger als die Lok und werden wegen ihrer Edelstahlkonstruktion als »Silberlinge« bezeichnet.
Aufnahme vom 27. 8. 1979

52

Die älteste noch bestehende elektrifizierte Eisenbahn in Deutschland ist die Trossinger Eisenbahn, die eine Verbindung von der für ihre Musikinstrumente bekannten Stadt Trossingen zum etwa 5 km abseits liegenden Bahnhof Trossingen herstellt. Die Bahn besitzt heute vier Gleichstrom-Triebwagen der Baujahre 1898, 1938, 1956 und 1968.

Hier ist der 1956 gebaute Wagen 5 auf dem Bahnhofsvorplatz des DB-Bahnhofs Trossingen angekommen. Der Anschluß nach Rottweil fährt, da es Sonntag ist, nur als Bahnbus.

Streckeneröffnung und Elektrifizierung Trossingen-Bahnhof—Trossingen-Stadt: 14. 12. 1898
Aufnahme vom 9. 12. 1973

53

Auch die 169004-9 soll noch vorgestellt werden, denn sie weist eine besonders interessante Geschichte auf. Für die in der Einleitung zu diesem Kapitel erwähnten Schnellfahrversuche von Marienfelde nach Zossen hatte Siemens 1902 auch eine vierachsige Drehstromlok gebaut, die bei Versuchsfahrten 150 km/h erreichte. 1922 wurde diese Lok in zwei zweiachsige Maschinen geteilt. Eine kam mit Wechselstromausrüstung als Nr. 4 zur LAG, die zweite mit Gleichstromausrüstung zur Siemens-Werkbahn in Berlin, wo sie heute noch verkehrt. Die LAG 4 erhielt allerdings 1934 einen neuen Lokkasten in Anlehnung an die vorhandenen Loks (1-3 und 5), so daß sie heute als 169004-9 ihren LAG-Schwestern ähnelt.
Inzwischen steht sie als Denkmal, ebenso wie die LAG-Lok 1, in München, während 169002, 003 und 005 noch auf »ihrer« Strecke verkehren.
Aufnahme vom 15. 3. 1969 in Oberammergau

Eine der schönsten deutschen Bahnlinien ist die Höllentalbahn der DB im Schwarzwald, die von den Großherzoglich Badischen Staatseisenbahnen als »Eisenbahn untergeordneter Bedeutung« im Jahre 1887 eröffnet wurde. Extreme Steigungen erforderten zunächst einen Zahnradbetrieb, der erst 1933 mit Anlieferung der Dampflokbaureihe 85 beendet werden konnte. Von 1936–1960 war die Strecke, ebenso wie die angrenzende Dreiseenbahn, versuchsweise mit Wechselstrom der Landesfrequenz (50 Hz) elektrifiziert. Danach erfolgte die Umstellung auf das normale Bahnstromsystem der DB mit 16²/₃ Hz.
Eine Lok der Baureihe 145 zieht hier einen Eilzug über den 1927 neugebauten Ravennaviadukt beim Bahnhof Höllsteig.
Streckeneröffnung Freiburg–Neustadt: 23. 5. 1887
Elektrifizierung (50 Hz): 18. 6. 1936
Umstellung auf 16²/₃ Hz: 20. 5. 1960
Aufnahme vom 7. 8. 1977

54

55

Ausgehend vom Bahnhof Titisee der Höllentalbahn eröffnete die Deutsche Reichsbahn im Jahre 1926 eine Nebenbahn nach Seebrugg. Die Strecke führt am Ufer des Titisees, des Windgfäll-Weihers und des Schluchsees entlang und heißt darum auch Dreiseenbahn. An ihr liegt übrigers mit dem Bahnhof Feldberg-Bärental der höchstgelegene Bahnhof der DB (967 m).
Im Endbahnhof Seebrugg ist der Wendezug mit der schiebenden 139 136-6 eingefahren und wird nun mit ziehender Lok wieder nach Titisee zurückkehren.

Streckeneröffnung Titisee–Seebrugg: 2. 12. 1926
Elektrifizierung (50 Hz): 18. 6. 1936
Umstellung auf $16^2/_3$ Hz: 20. 5. 1960
Aufnahme vom 6. 8. 1977

56

Noch einmal sehen wir hier die 1959 bei Krauss-Maffei in München gebaute 139 136-6 am Ufer des Schluchsees bei Aha. Die Baureihe 139 unterscheidet sich von der bekannten Baureihe 140 nur durch den Einbau einer elektrischen Bremse. Mit zusammen 879 Maschinen stellen sie den häufigsten Elektroloktyp der DB dar.
Aufnahme vom 6. 8. 1977

57

58

Ebenfalls in Aha wartet die von Henschel in Kassel 1943 gebaute 145 167-3. Sie gehört zum meistgebauten Vorkriegselektroloktyp E 44 (187 Stück). Von ihren Schwestern der Baureihe 144 unterscheidet sie sich nur durch den Einbau einer elektrischen Bremse für Steilstrecken.
Aufnahme vom 6. 8. 1977

Von der Bahnstrecke Freilassing – Berchtesgaden wird der letzte Abschnitt ab Bad Reichenhall als Nebenbahn betrieben. Die insgesamt nur neun Lokomotiven der Baureihe E 44^5 (später 144^5), die sich nochmals in drei verschiedene Bauarten unterteilen, wurden fast ausschließlich zwischen Freilassing und Berchtesgaden eingesetzt. 144 503-0 gehört zum 1933 von der Berliner Maschinenbau AG gebauten Typ. Die Loks der Baureihe 144^5 beförderten während des Sommerfahrplans 1979 auch den einzigen Intercity-Zug auf einer Nebenbahn, den IC 510/511 »Chiemgau« (Berchtesgaden – Köln).
Streckeneröffnung
Freilassing – Bad Reichenhall: 1. 7. 1866
Bad Reichenhall – Berchtesgaden: 25. 10. 1888
Elektrifizierung: 23. 4. 1916
Aufnahme vom 10. 10. 1973 in Freilassing

Kapitel 4

Unterwegs mit dem Schienenbus

Die Begriffe Nebenbahn und Schienenbus sind seit über 25 Jahren untrennbar miteinander verbunden. Der Schienenbus als extrem leicht gebauter Triebwagen war das ideale Fahrzeug für Nebenbahnen mit kleinerem Verkehrsaufkommen, die vorher unwirtschaftlich mit vergleichsweise schweren Dampflokomotiven und einigen angehängten Wagen befahren wurden.
Über den Schienenbus ist viel gelästert worden: Seine mäßigen Laufeigenschaften wurden kritisiert, der dröhnende Motor im Maschinenwagen und die für den Hochsommer unzureichende Lüftungsmöglichkeit. All diesen Mängeln steht der extrem wirtschaftliche Einsatz des Schienenbusses gegenüber, dem unzweifelhaft so manche Nebenbahn bis heute ihre Existenz verdankt. Auch die gepolsterten Sitze, der rußfreie Betrieb und verkürzte Fahrzeiten stellten bei Einführung des Schienenbusses zum Anfang der fünfziger Jahre eine kleine Revolution auf vielen Nebenbahnen dar. Und anders als bei den meisten Eisenbahnfahrzeugen kann man dem Fahrer über die Schulter sehen, nach vorne und hinten (statt nur seitlich) auf die Strecke hinausblicken und sogar selbst auf dem hinteren Fahrersitz »Triebwagenführer spielen«.
1950 erhielt die Deutsche Bundesbahn die ersten zwölf Schienenbusse sowie sechs dazu passende Anhänger. Nachdem die Konstruktion noch einmal grundlegend überarbeitet worden war, folgte ab 1951 dann Serie auf Serie. Zunächst baute man einmotorige Fahrzeuge (VT95, ab 1968 795) mit einen 110-PS-, später 130-PS-, dann 150-PS-Motor. Dazu gehörten etwas kürzere Beiwagen (VB142, später 995).
Nach dem Bau von drei Probefahrzeugen begann ab 1955 für die DB auch die Serienfertigung zweimotoriger Schienenbusse mit je zwei 150-PS-Motoren (VT98, später 798). Diese waren für gebirgige Strecken gedacht und sollten neben dem Beiwagen noch einen Steuerwagen mit Führerstand mitnehmen, von dem aus sich die ganze Garnitur auch rückwärts fahren ließ. Dadurch wurde in den Endbahnhöfen das Umsetzen der Motorwagen eingespart. Beiwagen (VB98) und Steuerwagen (VS98) wiesen nun auch die gleiche Länge auf wie der Motorwagen. Äußerlich zu unterscheiden sind VT95 und VT98 durch die bei letzterem vorhandenen vollwertigen Puffer und die Regelkupplung, während der VT95 nur kleine Stoßbügel und eine leichte automatische Kupplung aufweist. Der VT98 ist mit seiner Normalkupplung in der Lage, auch einmal einige Güterwagen zu ziehen.
Als Sonderbauart wurden zwischen 1961 und 1965 auch noch acht Zahnradschienenbusse (VT97) für die Zahnradstrecke Honau–Lichtenstein geliefert. Dazu kamen sechs Steuerwagen (VS97) und ein Beiwagen (VB97), der aus dem VB142554 umgebaut worden war.
Insgesamt erhielt die DB 924 Triebwagen und 1218 Steuer- und Beiwagen, zusammen also 2142 Fahrzeuge. Doch der Erfolg dieser »Uerdinger« Schienenbusse beschränkte sich nicht nur auf die Deutsche Bundesbahn. Auch deutsche und österreichische Privatbahnen sowie die Staatsbahnen von Österreich, Luxemburg, Spanien und Jugoslawien kauften größere Serien.
Schließlich soll noch erwähnt werden, daß die Maschinenfabrik Augsburg Nürnberg (MAN) einen im Grundkonzept ähnlichen Schienenbus entwickelte, den wir im ersten Kapitel (z. B. bei der Kaiserstuhlbahn) bereits kennengelernt haben. Auch die Deutsche Reichsbahn in der DDR baute in großer Zahl ein ähnliches Fahrzeug.
Langsam geht die Zeit der Schienenbusse ihrem Ende entgegen. 1980 sank z. B. ihre Zahl bei der DB erstmalig unter 1000 Fahrzeuge. Die letzten VT95 wurden mit Beginn des Sommerfahrplans 1980 außer Betrieb gesetzt. Ein Ersatz wurde bisher nur mit den 32 Triebwagen der Baureihen 627/628 beschafft, während die meisten Schienenbusse durch Straßenbusse ersetzt wurden.

59

Der einmotorige 795 463 kommt aus Breitscheid und hat hier unmittelbar vor dem Rabenscheider Tunnel angehalten, um dem Fotografen dieses Bild zu ermöglichen. Ein solcher Fotohalt auf freier Strecke war natürlich nur möglich, weil im Zug keine Fahrgäste saßen. So verwundert es niemanden, daß die Strecke Haiger – Breitscheid dann auch zehn Monate später für den Personenverkehr stillgelegt wurde. Diese Strecke gehörte zu den letztgebauten deutschen Nebenbahnen, wurde jedoch nie bis zu ihrem geplanten Zielbahnhof Gusternhain zu Ende gebaut.

Streckeneröffnung Rabenscheid – Breitscheid: 15. 5. 1939
Stillegung Personenverkehr Haiger – Breitscheid: 31. 5. 1980
Aufnahme vom 19. 7. 1979

60

Im Bahnhof Sondern blicken wir auf die zugefrorene Bigge-Talsperre, auf deren Grund u.a. der alte Ort Sondern liegt. Der Bau der Talsperre erforderte auch die vollständige Höherlegung des Teilstücks Olpe – Kraghammer der Bahnlinie Olpe – Finnentrop. Deutlich sind an dem Schienenbusanhänger 995 497 die leichten Stoßbügel und die Triebwagenkupplung zu erkennen.
Streckeneröffnung Olpe – Attendorn: 1. 11. 1875
Aufnahme vom 17. 2. 1978

61

Wenige Tage vor dem letzten Einsatz der einmotorigen Schienenbusse werden hier zwei Garnituren in Waibstadt zusammengekuppelt. Hinter dem vorderen Triebwagen ist deutlich der kürzere Anhänger zu erkennen. Waibstadt liegt an der ehemaligen Hauptbahn Baden–Bayern, die wir schon im ersten Kapitel beschrieben haben.
Streckeneröffnung Heidelberg–Mosbach: 23. 10. 1862
Aufnahme vom 20. 5. 1980

Die letzte Zahnradbahn der Deutschen Bundesbahn wurde seit 1962 mit Schienenbussen der Baureihe VT97 betrieben. Hier hat der Schienenbus den eigentlichen Zahnradabschnitt Honau–Lichtenstein bereits verlassen und passiert den Kilometerstein 16 bei Kleinengstingen. Nach dem Abbau der Zahnstangenstrecke wurden auch die Zahnradantriebseinrichtungen aus den Schienenbussen der Reihe VT97 entfernt. In dieser Form verkehren sie noch heute.
Streckeneröffnung Honau–Münsingen: 1. 10. 1893
Stillegung für den Gesamtverkehr Honau–Kleinengstingen (mit Zahnradabschnitt Honau–Lichtenstein): 27. 7. 1969
Stillegung Personenverkehr Kleinengstingen–Schelklingen: 27. 7. 1969
Aufnahme aus dem Jahr 1965

62

63

Auf dem Willinger Viadukt kommt uns eine dreiteilige Schienenbusgarnitur VS/VB/VT98 entgegen. Der Zug wird vom Steuerwagen aus gefahren, während der Motorwagen schiebt.

Streckeneröffnung Willingen – Usseln: 2. 4. 1917
Aufnahme vom 30. 12. 1975

64

Hoch oberhalb des Ortes ist hier der Zug aus Fulda im Haltepunkt Altenfeld eingefahren. Da niemand ein- und aussteigt, wird der Schaffner gleich den Auftrag zur Weiterfahrt nach Gersfeld geben.

Streckeneröffnung Bronnzell – Gersfeld:
1. 10. 1888
Aufnahme vom 22. 5. 1978

65

Eine Schienenbusgarnitur ist aus Holzminden kommend in Wehrden eingetroffen. Bei dem warmen Frühlingswetter ist die Wäsche sicher schnell trocken. Die Strecke Holzminden – Scherfede ist an sich eine eingleisige Hauptbahn mit zweigleisiger Trassierung und aufgrund des geringen Personenverkehrs zur Stillegung vorgesehen.
Streckeneröffnung Holzminden – Scherfede: 15. 10. 1876
Aufnahme vom 5. 5. 1980

66

Im Bahnhof Ewersbach, der früher Straßebersbach hieß, wird noch von Zeit zu Zeit Holz aus den großen umliegenden Wäldern verladen. Der Personenverkehr von hier nach Dillenburg ist zur Einstellung vorgesehen.
Streckeneröffnung Dillenburg – Straßebersbach: 1. 5. 1892
Aufnahme vom 9. 5. 1980

Auch die Strecke Bad Berleburg – Frankenberg (Eder) ist akut von der Stillegung bedroht. In Hatzfeld kreuzen sich zwei Schienenbuseinheiten.
Streckeneröffnung Arfeld – Hatzfeld: 1. 4. 1911
Streckeneröffnung Hatzfeld – Allendorf: 17. 11. 1910
Aufnahme vom 27. 7. 1979

67

68

Der Schülerzug von Bamberg nach Scheßlitz hat Giech erreicht. Da es für die drei Wagen nur einen Schaffner gibt, sind die Fahrgäste die meiste Zeit »ungestört«, so daß es nach den Anstrengungen der Schule oft hoch hergeht.
Streckeneröffnung Bamberg – Scheßlitz: 1. 10. 1908
Aufnahme vom 23. 2. 1976

Von der gleichen Strecke stammt dieses Bild (68) aus Dodenau.
Streckeneröffnung Hatzfeld – Allendorf: 17. 11. 1910
Aufnahme vom 27. 7. 1979

69

Zwischen Gaisthal und Schönsee fährt hier eine Schienenbusgarnitur durch das Aschatal im Oberpfälzer Wald. Schon seit einigen Jahren kann man hier den Ausblick aus dem Schienenbus nicht mehr erleben, da auch diese Strecke für den Personenverkehr geschlossen wurde.
Streckeneröffnung Oberviechtach – Schönsee: 1. 8. 1913
Stillegung Personenverkehr Nabburg – Schönsee: 30. 5. 1976
Aufnahme vom 3. 6. 1971

70

71

Die Schienenbusgarnitur aus Niederwalgern mit dem Steuerwagen 998838 an der Spitze wartet in Bischoffen auf den verspäteten Gegenzug aus Herborn. Im Herbst macht das fallende Laub den leichten Schienenbussen auf den Strecken im Mittelgebirge manchmal zu schaffen.
Streckeneröffnung Herborn – Hartenrod: 1. 8. 1902

Aufnahme vom 10. 10. 1979

Kapitel 5

Auf »kleinem Fuß« – Schmalspurbahnen

Die einheitliche Spurweite der Eisenbahnen von 1435 mm in weiten Teilen der Welt verdanken wir dem Engländer Stephenson, dessen Lokomotivfabrik für viele Länder die ersten Lokomotiven lieferte. In Deutschland bildete nur das Großherzogtum Baden eine Ausnahme, das sich von seinem ersten Lokomotivlieferanten Sharp, Roberts & Co. in Glasgow zu der Breitspur von 1600 mm überreden ließ – ein Fehler, der den Badensern dann beim vollständigen Umbau in den Jahren 1854/55 viel Geld kostete.

Schmalspurbahnen entstanden hingegen erst sehr viel später, etwa ab 1890, und in dem Bemühen, die Anlagekosten für den Bau zu senken. Schmalere Spurweiten ermöglichen z. B. engere Kurvenradien, wodurch wiederum eine leichtere Anpassung der Trasse an das vorhandene Gelände möglich ist. Zahlreiche private Kleinbahnen bauten daher aus Kostengründen ihre Linie als Schmalspurbahn – zumeist in der Meterspur (1000 mm) oder als 750-mm-Bahn. Weniger verbreitet waren 600 mm, 860 mm, 900 mm und verschiedene andere Spurweiten. Vergleichsweise zurückhaltend waren beim Bau von Schmalspurbahnen die Staatsbahnen, wenn man vom Königreich Sachsen absieht, das im sächsischen Bergland ein großes 750-mm-Netz errichtete. Der Grund für die Zurückhaltung lag im Hauptnachteil der Schmalspurbahnen, nämlich, daß die normalspurigen Wagen nicht auf die Schmalspur übergehen konnten und deshalb z. B. alle Güterzüge umgeladen werden mußten. Später entwickelte man dann Systeme, die es ermöglichten, Normalspurwagen auf speziellen schmalspurigen Rollwagen oder auch nur auf sogenannten Rollböcken über die Schmalspurbahn zu befördern. Dieser notwendige zusätzliche Aufwand führte dann im Zeitalter des Kleinbahnsterbens dazu, daß als erstes die Schmalspurbahnen stillgelegt wurden oder aber – in seltenen Fällen – auf Normalspur umgebaut wurden. So besitzt heute die Deutsche Bundesbahn nur noch zwei Schmalspurstrecken mit sechs Lokomotiven. Bei den nicht bundeseigenen Bahnen gibt es immerhin noch 15 Betriebe, von denen elf planmäßig Personenverkehr betreiben. Hiervon sind allerdings die meisten eher untypische »Kleinbahnen«, da sie als Zahnrad-, Insel- oder straßenbahnähnliche Bahnen besondere Betriebsverhältnisse aufweisen.

Ein klassisches Schmalspurreservat – noch dazu fast ausschließlich mit Dampfbetrieb – ist die DDR. Obwohl auch hier zahlreiche Schmalspurbahnen stillgelegt wurden, sind noch eine ganze Reihe Strecken in Sachsen, im Harz und an der Ostsee in Betrieb. Der größte Teil von ihnen wurde inzwischen unter Denkmalschutz gestellt und sieht daher einer gesicherten Zukunft entgegen. Nach der fehlgeschlagenen Erprobung von zwei 1960/61 gebauten Schmalspurdieselloks versehen heute den Steckendienst ausschließlich Dampflokomotiven. Der begonnene Umbau auf Ölfeuerung ist durch die neuesten Ereignisse auf dem Energiesektor zum Stillstand gekommen. Eine Reise mit einer dieser Bahnen, die zudem meist durch besonders schöne Landschaften der DDR führen, ist ein einmaliges Erlebnis. So werden inzwischen in verschiedenen Ländern Europas Reisebürosonderfahrten zu diesen Bahnen organisiert.

In der Bundesrepublik ist dagegen das Ende zweier weiterer Schmalspurbahnen beschlossene Sache: Das Bähnchen von Schwarzach nach Scherzheim unweit von Baden-Baden und die Inselbahn Spiekeroog werden das Jahresende 1981 nicht mehr erleben.

72

Die DB-Meterspurbahn Mosbach – Mudau erhielt noch 1964 neue Lokomotiven und Personenwagen, die mit Unterstützung des Landes Baden-Württemberg gekauft werden konnten.
Hier fährt die 540-PS-Diesellok 252 901-4 mit einem Personenwagen im Haltepunkt Langenelz ein.
Aber auch die neuen Fahrzeuge konnten die Bahn nicht vor der Stillegung retten. Die beiden Diesellokomotiven der Bahn wurden später auf Normalspur umgebaut und laufen heute bei der Albtalbahn und bei der Südwestdeutschen Eisenbahnen AG.
Streckeneröffnung Mosbach – Mudau: 3. 6. 1905
Gesamtstillegung Mosbach – Mudau: 3. 6. 1973
Aufnahme vom 9. 4. 1973

73

Vom gleichen Lokomotivtyp wurden auch drei Fahrzeuge für 750-mm-Strecken beschafft.
Hier sehen wir die 251 902-3 im Bahnhof Ochsenhausen vor einem Güterzug aus Normalspurwagen, die auf Rollböcken stehen. Sieht man von der Inselbahn Wangerooge ab, die wir noch im Kapitel »Schienen am Meer« kennenlernen werden, so ist heute die Strecke Warthausen – Ochsenhausen die letzte DB-Schmalspurbahn.
Streckeneröffnung Warthausen – Ochsenhausen: 30. 11. 1899
Stillegung Personenverkehr Biberach – Ochsenhausen: 31. 5. 1964
Aufnahme vom 12. 7. 1974

Personenverkehr hat die Hohenlimburger Kleinbahn während ihres Bestehens nie durchgeführt. Sie diente ausschließlich den zahlreichen Fabriken der für das Sauerland typischen Kleineisenindustrie im Nahmertal als Güteranschlußbahn. Fast die gesamte Strecke liegt auf innerstädtischen Straßen, so daß man fast von einer »Güterstraßenbahn« sprechen kann.
Heute versehen fünf kleine zweiachsige Dieselloks den gesamten Verkehr, bei dem die Normalspurgüterwagen auf jeweils ein oder zwei 1000-mm-Spur-Rollwagen verladen werden.
Streckeneröffnung Hohenlimburg – Hobräckerweg: 28. 5. 1900
Aufnahme vom 5. 1. 1973 in Hohenlimburg

74

Neben der Zahnradbahn Stuttgart – Degerloch (erbaut 1884), der Wendelsteinbahn (erbaut 1912) und der Zugspitzbahn (erbaut 1930) wird heute nur noch die Drachenfelsbahn mit Zahnrad betrieben. Der Drachenfels im Siebengebirge, südlich von Bonn ist mit seinem weiten Blick über das Rheintal einer der beliebtesten Aussichtsberge in Deutschland. Seit 1883 kann man von April bis Oktober den 321 m hohen Berg auch mit einer 1000-mm-Zahnradbahn »besteigen«. Ein sehr schweres Unglück im Jahr 1958 führte zur vollständigen Umstellung auf elektrischen Betrieb und zur Einstellung der benachbarten Zahnradbahn auf den 331 m hohen Petersberg.
Streckeneröffnung Königswinter – Drachenfels: 17. 7. 1883
Elektrifizierung: 12. 6. 1953
Aufnahme vom 13. 3. 1977 in der Talstation

75

76

Vor uns steht die letzte Schmalspurdampflok der Deutschen Bundesbahn. Sie entstammt einer Lieferung von 15 Maschinen, die Henschel in Kassel 1918 für die Heeresfeldbahnen gebaut hatte und die 1919 von der Sächsischen Staatsbahn günstig übernommen worden waren. Nach Übernahme durch die Deutsche Reichsbahn im Jahre 1920 kam sie 1928 nach Württemberg, wo sie auf verschiedenen 750-mm-Strecken der Reichsbahn ihren Dienst versah. 1968 erhielt sie sogar noch die neue Computer-Nummer 099 651-2. Hier verläßt sie gerade den Lokschuppen in Beilstein der Schmalspurbahn Marbach – Heilbronn-Südbahnhof (Bottwartalbahn).

Streckeneröffnung
Marbach – Beilstein: 10. 5. 1894
Beilstein – Ilsfeld: 25. 11. 1899
Stillegung Personenverkehr Marbach – Heilbronn-Süd: 14. 11. 1966
Stillegung Gesamtverkehr Steinheim – Talheim: 1. 1. 1969
Aufnahme vom 3. 9. 1968

Eine besonders romantische Linienführung kennzeichnet die Brohltalbahn; sie führt aus dem Rheintal entlang dem Brohlbach auf die Eifelhochfläche. Nachdem der Personenverkehr schon 1961 eingestellt worden war, werden seit einigen Jahren wieder Sonderfahrten mit dem »Vulkan-Expreß" durchgeführt. Die 1000-mm-Bahn weist z. T. starke Steigungen auf, die bis 1934 nur durch Zahnradloks bewältigt werden konnten. Heute dient die Bahn fast ausschließlich dem Abtransport von Lava und Phonolith zum Rheinhafen.

Die Diesellok D4, die hier mit dem »Vulkan-Expreß« im heutigen Endpunkt Engeln angekommen ist, stellte das Vorbild für die schon beschriebenen Bundesbahn-Schmalspurloks der Baureihen V51/V52 (heute 251/252) dar. Sie wurde ursprünglich 1958 für die 860-mm-Schmalspurbahn der Alsenschen Portland-Zementwerke Lägerdorf in Schleswig-Holstein gebaut, kam 1967 ins Emsland zur 1000-mm-Bahn Leer – Aurich – Wittmund und nach deren Stillegung 1971 zur Brohltalbahn. Der Beiwagen VB 50 war ursprünglich (1924) als Benzoltriebwagen gebaut worden.

Streckeneröffnung
Brohl – Engeln: 14. 1. 1901
Engeln – Weibern: 1. 5. 1901
Stillegung Personenverkehr Kempenich – Oberzissen: 2. 10. 1960
Gesamtstillegung Kempenich – Engeln: 1. 10. 1974
Aufnahme vom 19. 8. 1977

77

78

79

Die Nassauische Kleinbahn (NK) betrieb einstmals ein 77 km langes Meterspurnetz, das zwischen dem 18. 9. 1900 und dem 18. 10. 1903 eröffnet wurde. Das als letztes stillgelegte 2 km lange Teilstück von Braubach-Hafen zur Blei- und Silberhütte diente nur noch dem Anschluß dieses Werkes. Schon vor dem Bestehen der Nassauischen Kleinbahn verkehrte auf diesem Teilstück eine 750-mm-Pferdebahn, die bei der Eröffnung der NK um eine dritte Schiene für die 1000-mm-Spur erweitert wurde. Nach der Stillegung der NK im Raum Braubach wurde diese dritte Schiene 1959 entfernt und der Verkehr wieder ausschließlich auf der 750-mm-Spur durchgeführt. Die Strecke führte vom Rhein und vom DB-Bahnhof steil ansteigend mitten durch den Ort Braubach. Hier macht die Diesellok V 18 eine »Sonderfahrt« für den Fotografen.
Streckeneröffnung Blei- und Silberhütte – Braubach-Ort: 5. 3. 1903
Stillegung Personenverkehr Braubach – Nastätten: 15. 5. 1929
Gesamtstillegung Braubach – Blei- und Silberhütte: 30. 9. 1977. – Aufnahme vom 16. 9. 1977

Für die Nassauische Kleinbahn wurde von 1901 bis 1903 ein eigener Durchbruch im Ostturm der Braubacher Stadtmauer geschaffen.
Die abgebildete Diesellok V 18 wurde 1940 gebaut, diente ursprünglich der Deutschen Wehrmacht und kam 1957 zur Nassauischen Kleinbahn. Heute fährt sie bei der österreichischen Lokalbahn Payerbach – Hirschwang.
Aufnahme vom 16. 9. 1977

80

Die meterspurige Härtsfeldbahn von Aalen nach Dillingen war vor allem wegen ihrer landschaftlichen Schönheit bekannt. Ihre erste Teilstrecke in Württemberg (Aalen – Ballmertshofen) wurde am 30. 10. 1901 eröffnet, während die Verlängerung in Bayern (nach Dillingen) am 4. 4. 1906 erfolgte. Wir sehen im letzten Abendlicht den Güterzug mit Personenbeförderung (GmP) beim Haltepunkt Katzenstein im württembergischen Teil der Bahn. An den 1956 gebauten T31 sind der Doppelwagen 254/253, ein Schmalspurgüterwagen und zwei aufgebockte Normalspurgüterwagen angekoppelt.
Stillegung Personenverkehr Aalen – Dillingen: 30. 9. 1972
Stillegung Gesamtverkehr Aalen – Dillingen: 30. 11. 1972
Aufnahme vom 26. 9. 1972

V2901

Die 1877 gegründete Straßburger Straßenbahn baute neben den innerstädtischen Strecken in Straßburg auch auf beiden Seiten des Rheins eines der größten zusammenhängenden Schmalspurnetze in 1000-mm-Spur. Nachdem ab 1918 Straßburg wieder zu Frankreich gehörte, wurden für die rechtsrheinischen deutschen Strecken die Mittelbadischen Eisenbahnen gegründet, die wiederum seit 1971 zur Südwestdeutschen Eisenbahnen AG gehören.
Auf dem Bild kommt uns die Diesellok V 29.01 (die früher als V 29952 in Diensten der DB stand) bei Söllingen entgegen. Hier noch mit Schmalspurtrassierung, wurde dieses Teilstück später auf Normalspur umgebaut. Übrigens wird Straßburg in den nächsten Jahren nach über 25jähriger Unterbrechung wieder eine Straßenbahn erhalten.
Streckeneröffnung Schwarzach – Rastatt: 2. 5. 1909
Stillegung Personenverkehr Schwarzach – Rastatt: 15. 4. 1970
Stillegung Schmalspurgüterverkehr und Eröffnung Normalspurgüterverkehr Stollhofen – Söllingen: 9. 4. 1973
Aufnahme vom 22. 5. 1970

82

Der Triebwagen T31 der Härtsfeldbahn ist hier in der Nähe von Neresheim zu sehen. Mit vier 170-PS-Motoren ersetzt der Schlepptriebwagen im Güterverkehr die Lokomotive.
Aufnahme vom 10. 4. 1969

Hinter dem Triebwagen T37 der Härtsfeldbahn (ursprünglich VT14 der Südharz-Eisenbahn) sind noch ein Beiwagen, ein Schmalspurgüterwagen und einige Rollböcke zu erkennen.
Aufnahme vom 30. 4. 1970 bei Neresheim

83

84

85

Ein großer Teil der Fahrzeuge der Härtsfeldbahn gelangte nach deren Stillegung zur Strecke Amstetten – Laichingen der schon im ersten Kapitel erwähnten Württembergischen Eisenbahn-Gesellschaft (WEG). Hier begegnet uns in Laichingen auf einem Straßenroller der DB der Triebwagen T33 der Härtsfeldbahn, der uspründlich von der Kleinbahn Bremen-Tarmstedt stammt. Straßenroller werden normalerweise zur Zustellung von Güterwagen an Firmen ohne Gleisanschluß benutzt.
Aufnahme vom 6. 6. 1973

Zwischen Amstetten und Laichingen verkehrt die letzte »klassische« Schmalspurbahn mit vollem Güter- und Personenverkehr. Den Triebwagen T37 haben wir schon bei der Härtsfeldbahn kennengelernt. Hier zieht er nun einen Güterzug durch einen Streckeneinschnitt bei Amstetten. Im Hintergrund fährt ein Zug der DB mit »Silberlingen« auf der Strecke Stuttgart – Ulm. Amstetten ist außerdem Ausgangspunkt der Nebenbahn nach Gerstetten (siehe Seite 17 und 19).
Streckeneröffnung Amstetten – Laichingen: 20. 10. 1901. – Aufnahme vom 8. 9. 1975

Derselbe Triebwagen und derselbe Streckeneinschnitt, allerdings aus entgegengesetzter Blickrichtung.
Aufnahme vom 8. 9. 1975

86

87

Auf der Rollbockgrube in Amstetten werden DB-Güterwagen auf Rollböcke gesetzt. Beim Rangieren hilft der Triebwagen T34, der 1956 von der Kleinbahn Bremen-Tarmstedt übernommen wurde.
Aufnahme vom 5. 5. 1970

Der Triebwagen T 34 und der Steuerwagen VS 150 bilden am 5. 5. 1970 den Personenzug von Laichingen nach Amstetten.
Aufnahme bei Amstetten

88

Die meterspurige Chiemseebahn von Prien nach Stock am Chiemsee stellt seit 1887 im Sommer den Anschluß von der Staatsbahn München–Salzburg zur Chiemseeschiffahrt her. Ihr Fahrplan findet sich deshalb auch im Kursbuch unter der Nummer 10602 der Chiemseeschiffahrt. Von 1887 bis heute gab es nur diese eine Dampflokomotive, und auch die acht vorhandenen Wagen stammen alle aus dem Eröffnungsjahr. Die Lok gehört einer Bauart an, die früher bei Dampfstraßenbahnen häufig zu finden war.
Streckeneröffnung Prien–Stock: 10. 7. 1887
Aufnahme vom 2. 9. 1969 im Bahnhof Stock

89

90

Der Triebwagen T36 der Schmalspurbahn Amstetten – Laichingen zieht hier bei Oppingen den Güterzug. Deutlich sind die kleinen zweiachsigen Rollböcke unter den Güterwagen zu erkennen. Der Triebwagen wurde 1974 auf Normalspur umgebaut und verkehrt heute bei der WEG-Bahn Gaildorf – Untergröningen.
Aufnahme vom 8. 9. 1975

91

Verglichen mit der zweiachsigen Lok der Chiemseebahn ist diese siebenachsige Schmalspurlok der Deutschen Reichsbahn in der DDR ein Koloß, wobei man noch bedenken muß, daß sie auf nur 750-mm-Spurbreite fährt.
Von 1952 bis 1957 entstanden 24 dieser leistungsfähigen »Superschmalspurlok«, daneben auch noch 17 Schwestern für die Meterspur. Zusammen mit 35 bereits 1928 – 1933 gebauten ähnlichen Lokomotiven versehen diese Loks heute in der DDR den Dienst auf den meisten Schmalspurbahnen. Hier sehen wir die vom Lokomotivbau »Karl Marx« in Babelsberg 1952 gebaute 99 1773-3 im Schmalspurbahnhof Freital-Hainsberg.
Streckeneröffnung Hainsberg – Schmiedeberg: 1. 11. 1882
Aufnahme vom 30. 8. 1978

92

Die letztgebaute Schmalspurdampflok der Deutschen Reichsbahn verläßt mit ihrem Personenzug den Bahnhof Schmiedeberg in Richtung Hainsberg.
Streckeneröffnung
Hainsberg – Schmiedeberg: 1. 11. 1882
Schmiedeberg – Kurort Kipsdorf: 3. 9. 1883
Aufnahme vom 30. 8. 1978

93

94

Ähnlich wie die Bundesbahn hat auch die Deutsche Reichsbahn am 1. 7. 1970 für ihre Lokomotiven Computernummern eingeführt. Diese Lok hieß früher 99783. Dabei bedeutet 99 Schmalspurlok, die neu eingefügte 1 weist auf die 750-mm-Spurweite hin, während die 2 hinter dem Bindestrich die EDV-Kontrollziffer darstellt. Sie errechnet sich aus den ersten sechs Ziffern. Die Lok gehört zur Reichsbahndirektion (RBD) Dresden und ist dort dem Bahnbetriebswerk (Bw) Nossen zugeteilt. – Das Zeichen $K57^9$ bedeutet Schmalspurlok (K) mit fünf Triebachsen, insgesamt sieben Achsen und 9-t-Achsdruck.
Streckeneröffnung Radebeul – Radeburg: 16. 9. 1884
Aufnahme vom 29. 8. 1978 in Radebeul

Auf der Insel Rügen entstand in den Jahren 1895 bis 1899 ein umfangreiches 750-mm-Schmalspurnetz unter der privaten Regie der Rügenschen Kleinbahnen AG. Seit 1949 betreibt die Deutsche Reichsbahn diese Strecken und legte 1967 und 1970 zwei Abschnitte still. Heute verkehrt der Zug noch zwischen Putbus und Göhren und dient der Erschließung der bekannten Ostseebäder Binz, Sellin und Göhren.
Von der offenen Endbühne des ersten Wagens kann man bei rückwärts fahrender Lok diese Aufnahme machen – unter Berieselung von Kohlenstaub, Ruß und Funken.
Streckeneröffnung Putbus – Binz (später Binz-Ost): 22. 7. 1895
Einstellung Güterverkehr Putbus – Göhren: 11. 12. 1967
Aufnahme vom 24. 8. 1978 zwischen den Haltepunkten Posewald und Seelvitz

95

Vor Binz-Ost wartet die Lok 99 4633-6 mit dem Zug aus Göhren. Sie darf erst nach Binz-Ost einfahren, wenn der Gegenzug aus Putbus eingetroffen ist.

Streckeneröffnung Binz-Ost – Sellin-West: 20. 3. 1896
Einstellung Güterverkehr Putbus – Göhren: 11. 12. 1967
Aufnahme vom 24. 8. 1978

96

Hier wartet in Putbus die 1914 gebaute 99 4632-8 auf den Abfahrauftrag.
Aufnahme vom 24. 8. 1978

97

Ein viel besuchter Ausflugsort zwischen Binz und Sellin ist das auf dem Tempelberg stehende Jagdschloß, von dessen Turm man einen herrlichen Blick über die Insel Rügen hat. Die 1925 nachgelieferte 99 4633 wartet an dem im Wald liegenden Haltepunkt Jagdschloß auf Weiterfahrt.
Aufnahme vom 24. 8. 1978

Zwischen den Ostseebädern Kühlungsborn und Doberan verkehrt eine Schmalspurbahn in der seltenen Spurweite von 900 mm. Die Länge des Zuges (elf Wagen) macht die enorme Verkehrsbedeutung dieser »Bäderbahn« deutlich, die bei täglich 26 Zügen z. B. 1976 1,3 Millionen Reisende beförderte. In Bad Doberan führt die Strecke mitten durch die Straßen zum Hauptbahnhof der Linie Rostock – Wismar.
Die wuchtige 1932 gebaute Schmalspurlok 99 2321-0 hat der Bahnlinie zu ihrem Spitznamen »Molli« verholfen.
Streckeneröffnung Bad Doberan – Heiligendamm: 9. 7. 1886
Einstellung Güterverkehr Bad Doberan – Kühlungsborn: 1. 6. 1969
Aufnahme vom 21. 8. 1978 bei Heiligendamm

98

Kapitel 6

Die großen Privatbahnen

Mancher Leser wird bei der Vorstellung der Kleinbahnen oder besser nichtbundeseigenen Eisenbahnen im ersten Kapitel einen oder mehrere der drei folgenden Namen vermißt haben: Westfälische Landes-Eisenbahn (WLE), Osthannoversche Eisenbahn (OHE) und Köln-Bonner-Eisenbahn (KBE).

So unterschiedlich auch die Geschichte und das heutige Erscheinungsbild dieser drei Betriebe sind, so ist ihnen gemeinsam, daß sie durch die Größe des Betriebes (Streckenlänge, Zahl der Lokomotiven) und durch ihr Verkehrsaufkommen den Rahmen des Begriffs »Kleinbahnen« bei weitem sprengen.

Auch die technische Ausstattung, wie z. B. Gleisbildstellwerke, Zugfunk, Fernsteuerstrecken oder bei der KBE Elektrifizierung, macht deutlich, daß es sich um besondere Bahnen handelt, denen wir im folgenden einige Seiten widmen wollen.

Beginnen wir unsere Reise in der Lüneburger Heide, einem relativ dünn besiedelten Gebiet, dessen Nordost- und Südwestgrenze etwas vereinfacht durch die Flüsse Elbe und Aller gebildet werden und das sich in Nordsüdrichtung zwischen Hamburg und Hannover erstreckt. Zwischen 1895 und 1919 entstanden hier zahlreiche schmal- und normalspurige Kleinbahnen, die von acht verschiedenen Gesellschaften erbaut und betrieben wurden. Noch in der Endphase des Zweiten Weltkriegs kam es (am 10. 7. 1944) zu einer Fusion aller dieser inzwischen nur noch normalspurigen Bahnen zur Osthannoverschen Eisenbahn (OHE), die seitdem mit 336 km Streckenlänge das größte zusammenhängende Privatbahnnetz Deutschlands bildet.

Wenngleich der Personenverkehr 1977 eingestellt wurde, sind noch fast alle damals übernommenen Strecken in Betrieb. Auf ihnen wurden 1978 2,35 Millionen Tonnen Güter von insgesamt 32 Diesellokomotiven befördert.

In Westfalen und im Sauerland liegt das Domizil der Westfälischen Landes-Eisenbahn (WLE), deren Hauptstrecke Münster–Warstein (100 km) noch durch einige Seitenlinien ergänzt wird. Im Gegensatz zur OHE wurden die Strecken alle von der gleichen Gesellschaft in den Jahren 1883–1903 (insgesamt 266 km) eröffnet. Das wichtigste Transportgut sind Kalksteine für die Zementherstellung im Raum Beckum. Der Personenverkehr wurde ebenfalls, und zwar bereits 1975, eingestellt.

Die Parklandschaft des Münsterlandes, die Steilstrecken auf beiden Seiten des Haar-Strangs, die auch heute noch Schiebeloks erfordern, und das bewaldete Mittelgebirge des Sauerlandes prägen den landschaftlichen Reiz der WLE.

Wie viele Kleinbahnen baute auch die Köln-Bonner Eisenbahn (KBE) ihre erste Strecke 1897 in der Meterspur. Neben der rechtsrheinischen und der linksrheinischen DB-Hauptstrecke bietet die KBE heute zwei weitere normalspurige linksrheinische Verbindungen zwischen Köln und Bonn an. Dies sind die Rheinuferbahn und die Vorgebirgsbahn. Der Vollständigkeit halber soll erwähnt werden, daß man bis 1963 auch noch auf einer fünften Schienenstrecke über Siegburg von Köln nach Bonn fahren konnte. In dem dicht besiedelten und hochindustrialisierten Raum betreibt die KBE heute einen enormen Güterverkehr, der in Zukunft durch Umbauten in Köln noch erheblich steigen wird. Der Personenverkehr wird künftig vollständig in das U-Bahn-System beider Städte integriert werden. Ein erster Schritt hierzu war 1978 die Umstellung der Rheinuferbahn auf Stadtbahnbetrieb mit modernsten Fahrzeugen, die in Bonn und Köln auf die dortigen U-Bahnen übergehen. Vorher wurde diese Strecke als einzige deutsche Privatbahnlinie als Hauptbahn betrieben und mit Schnell-, Eil- und Personenzügen bedient, die eine Geschwindigkeit bis 120 km/h erreichten. Während OHE und WLE trotz ihrer Größe immer noch eher ländlich wirken, wird das Bild der KBE durch Industrie, Großstädte, riesige Rangierbahnhöfe und modernste Technik geprägt. Wer einmal im Winter im Abendberufsverkehr mit einem der Silberpfeilzüge durch das von Tausenden Lampen erleuchtete Gewirr der Wesselinger Raffinerien, die sich beidseitig der Bahn erstrecken, fährt, wird seine Vorstellungen von Nebenbahnen um einen kontrastierenden Eindruck erweitern müssen.

Ein Überbleibsel aus der Zeit des Personenverkehrs, das nur noch zu Sonderfahrten eingesetzt wird, ist dieser sogenannte »Wismarer Schienenbus« aus dem Jahre 1937. Dieser Fahrzeugtyp war ab 1932 bei zahlreichen deutschen und spanischen Kleinbahnen sowie auch bei der Deutschen Reichsbahn im Einsatz. Durch seine leichte Bauweise und die zwei 50-PS-Motoren in den beiden Vorbauten (für jede Fahrtrichtung einer!) war der Wismarer Schienenbus ein sehr wirtschaftliches Fahrzeug. Bei der OHE wird der letzte Wagen liebevoll gepflegt und »Ameisenbär« genannt.

Streckeneröffnung
- Lüneburg-Süd – Soltau-Süd: 13. 6. 1913
- Soltau-Süd – Bergen: 23. 4. 1910
- Soltau-Süd – Neuenkirchen: 1. 1. 1917

Stillegung Personenverkehr
- Soltau-Süd – Neuenkirchen: 28. 5. 1961
- Schwindebeck – Soltau-Hbf – Bergen: 26. 6. 1975

Aufnahme vom 3. 6. 1979 in Soltau-Süd

99

In Lüneburg-Süd besitzt die OHE einen größeren Lokschuppen, vor dem hier die Lok 120051 auf ihren nächsten Einsatz wartet. Diese Lokomotive gehört zum meistgebauten Dieselloktyp für NE-Bahnen. Nach der Stillegung des Personenverkehrs auf der Schiene haben moderne Standardüberlandlinienbusse die Personenbeförderung übernommen.

Streckeneröffnung Lüneburg-Süd – Soltau-Süd: 13. 6. 1913

Stillegung Personenverkehr Lüneburg-Süd – Schwindebeck: 22. 5. 1977

Aufnahme vom 23. 5. 1980

100

101

Einer der Verkehrsknotenpunkte der Osthannoverschen Eisenbahn ist Celle-Nord mit seinem großen 15-ständigen Ringlokschuppen.
Hier fährt die 1500-PS-Diesellok 150073 auf die Drehscheibe. Die größten Loks der Bahn tragen einem alten Brauch aus der Frühzeit der Eisenbahnen folgend Namen, so wie hier die »Soltau«. Daneben gibt es u.a. noch die sechsachsigen 2000-PS-Maschinen »Lüneburg«, »Celle« und »Berlin«.

Streckeneröffnung Celle-Nord – Wittingen: 16. 8. 1904
Stillegung Personenverkehr Celle-Hbf – Steinhorst: 24. 6. 1976
Aufnahme vom 2. 6. 1979

102

Zwischen Rüthen und Heidberg zieht hier die VL 0635 der Westfälischen Landes-Eisenbahn ihren Güterzug durch das landschaftlich reizvolle Möhnetal. Da die Ortschaften weitab der Bahnhöfe liegen, ist der Personenverkehr schon 1960 eingestellt worden. Und auch der Güterverkehr ist in dieser schwach besiedelten Gegend äußerst spärlich.
Streckeneröffnung Belecke – Brilon-Stadt: 1. 12. 1898
Stillegung Personenverkehr Soest – Brilon-Stadt: 29. 5. 1960
Aufnahme vom 29. 12. 1975

103

104

Bei der Westfälischen Landes-Eisenbahn erlebten noch vier Dampflokomotiven das Jahr 1970. Die Loks 31-33 waren schwere Personenzugtenderloks, die 122 dagegen eine siebenachsige Güterzugtenderlok mit fünf Treibachsen. Alle vier wurden 1936—1938 nach vereinheitlichten Konstruktionsprinzipien von Borsig in Berlin gebaut und haben sich bei der WLE sehr bewährt.
Hier sehen wir Lokführer Müller auf dem Führerstand der Lok 32 im Bahnhof Münster-Landesbahnhof.
Streckeneröffnung Münster-Landesbahnhof—Neubeckum: 1. 10. 1903
Stillegung Personenverkehr Münster-Hbf—Neubeckum: 27. 9. 1975
Aufnahme vom 4. 1. 1966

Während der »Meister« das Triebwerk abölt, gibt es für den Heizer Arbeit beim Bekohlen. Der schwere Kohlenwagen am Kran muß beim Kippen sehr genau in den Kohlenkasten der Lok 32 der WLE gezielt werden.
Aufnahme vom 4. 1. 1966

105

1953 beschaffte die WLE drei dieser modernen Triebwagenzüge. Zwei von ihnen waren in den ersten Jahren sogar mit einem Barabteil ausgestattet. Alle drei hatten je ein Abteil für Post und Gepäck sowie neben der 2. auch 1. Klasse. Seit 1949 konnten die WLE-Züge in den Hauptbahnhof von Münster einfahren, nachdem sie zuvor im 600 m entfernten Landesbahnhof endeten.
Erste Eisenbahn in Münster: 26. 5. 1848 (Münster – Hamm)
Streckeneröffnung Münster-Hbf – Münster-Landesbahnhof: 15. 5. 1949
Stillegung Personenverkehr Münster-Hbf – Neubeckum: 27. 9. 1975
Aufnahme aus dem Jahr 1975 in Münster-Hbf

106

Sowohl die Strecke Warstein – Lippstadt als auch die Linie Soest – Belecke der WLE überqueren den Haar-Strang, der z. T. mit zwei Schiebeloks bewältigt werden muß.
Hier kämpft sich Lok 33 zusammen mit einer schiebenden Diesellok und einem Sonderzug den Steilanstieg zwischen Schalloh und Echtrop hinauf.
Streckeneröffnung Soest – Belecke: 1. 12. 1899
Stillegung Personenverkehr Soest – Brilon-Stadt: 29. 5. 1960
Gesamtstillegung Soest-Thomätor – Belecke: September 1970
Aufnahme vom 13. 4. 1969

107

In Erwitte führt die WLE-Strecke mitten durch den Ort. Die große Tenderlok 122 war die letzte betriebsfähige Dampflok der WLE. Derartig schwere Tenderloks gab es nur bei sehr wenigen Privatbahnen, und auch die deutschen Staatsbahnen haben insgesamt nur 67 solcher Maschinen für schwierige Bergstrecken in Betrieb gehabt.
Streckeneröffnung Lippstadt – Warstein: 1. 11. 1883
Stillegung Personenverkehr Lippstadt – Warstein: 27. 9. 1975
Aufnahme vom 16. 4. 1971

108

Der Triebwagenzug von Münster nach Neubeckum verläßt hier den Bahnhof Gremmendorf. Bereits wenige Monate später wurde der Reisezugverkehr der WLE völlig eingestellt und die Trieb- und Steuerwagen nach Italien verkauft.

Aufnahme vom 28. 5. 1975

109

In Münster-Hbf begegnen sich die 260913-9 (Baujahr 1961) der Deutschen Bundesbahn und die VL 0636 (Baujahr 1962) der WLE, die zunächst acht Jahre als Werklok eines Stahlwerkes in Dortmund ihren Dienst versah. Die Baureihe V60 (heute 260/261) ist mit 942 Exemplaren die meistgebaute Diesellok der DB.
Aufnahme vom 2. 8. 1975

110

Die WLE hat eine ganze Reihe preisgünstiger Einzelstücke an Lokomotiven erworben und verfügt so über einen für den Liebhaber recht interessanten »Lokpark«.
Hierzu gehört auch diese dieselelektrische Versuchs- und Vorführlok von Henschel in Kassel, die zuvor von 1962–1969 leihweise bei der DB als DE 2000 (später 202 001-4) im Einsatz stand. Hier ist die bei der WLE als DE 0902 bezeichnete Lok mit dem Personenzug nach Warstein in Erwitte eingefahren. Hinter den drei Personenwagen, die von der Marinebahn Wilhelmshaven stammen, laufen auch noch einige Güterwagen mit.
Streckeneröffnung Lippstadt–Warstein: 1. 11. 1883
Stillegung Personenverkehr Lippstadt–Warstein: 27. 9. 1975
Aufnahme vom 16. 4. 1971

111

Ein Triebwagen der Kölner-Bonner Eisenbahnen fährt hier von Bonn kommend am Gebäude der Hafenverwaltung vorbei. Dieses Endstück der Rheinuferbahn der KBE in Köln ist stillgelegt, seitdem die Züge aus Bonn die Kölner U-Bahn mitbenutzen.

Streckeneröffnung Bonn-Rheinuferbahnhof – Köln Trankgasse: 1. 9. 1905 (von Anfang an Normalspur und elektrifiziert). Vom 1. 5. 1902 bis September 1944 fuhr auf den gleichen Gleisen in Köln auch die Kölner Straßenbahn.

Gesamtstillegung Köln-Hohenzollernbrücke – Köln-Ubierring: 11. 8. 1978

Aufnahme vom 31. 5. 1978

112

Ein Schnellzug von Köln nach Bonn, bestehend aus zwei »Silberpfeilen«, verläßt durch den Brükkenbogen der Hohenzollernbrücke in Köln die gleichnamige Endstelle der KBE. Friedrich III wacht seit 1911 auf seinem Sockel über den enorm angewachsenen Zugverkehr über diese Rheinbrücke, die heute das meistbefahrene Nadelöhr im DB-Streckennetz darstellt. Während drei der KBE-Silberpfeile 1979 nach Österreich verkauft werden konnten und einer noch auf den Verkauf wartet, wurden drei weitere Doppel-Silberpfeile nach nur elf Dienstjahren bei mehreren schweren Bränden zerstört. Wie erwähnt, ist dieses Teilstück in Köln einschließlich des Endbahnhofs Hohenzollernbrücke seit Eröffnung des U-Bahn-Betriebes stillgelegt. Die neuen, zwischen Köln und Bonn verkehrenden Wagen, werden wir noch im Kapitel »Schienenwege in die Großstadt« näher kennenlernen.
Streckeneröffnung, Straßenbahnmitbenutzung und Gesamteinstellung: wie Bild 111
Aufnahme vom 30. 5. 1975

113

Die Lok 693 ist die einzige Elektrolokomotive der KBE. Sie weist als ehemalige Lok eines Braunkohlentagebaus ein eher »industrielles« Aussehen auf.
Streckeneröffnung
Köln-Luxemburger Straße – Brühl (Meterspur): 1. 8. 1897
Brühl – Bonn-Ellerstraße (Meterspur): 20. 1. 1898
Umbau der Gesamtstrecke Bonn – Köln auf Normalspur und Elektrifizierung abgeschlossen: 7. 10. 1934
Aufnahme vom 3. 2. 1977 in Brühl-Vochem

114

Die Vorgebirgsstrecke der KBE benutzt von Köln-Sülz bis Barbarossaplatz ihre Gleise gemeinsam mit der städtischen Straßenbahn und endet dann dort in einem eigenen Bahnhof. Hier passiert die Straßenbahnlinie 10 nach Klettenberg einen im Bf Barbarossaplatz abgestellten Triebwagen.
Eröffnungsdaten: wie Bild 113
Seit 7. 10. 1934 enden die Züge der Vorgebirgsbahn im Bahnhof Köln-Barbarossaplatz.
Aufnahme vom 31. 10. 1975

115

Einen reizvollen Vergleich mit dem vorigen Bild ermöglicht diese Aufnahme aus Bonn. KBE-Triebwagen ET 52 begegnet einem Intercity-Zug in Richtung Köln mit der Lok 103 103-8. Während links vom Zaun der KBE-Rheinuferbahnhof zu sehen ist, liegt rechts der Bahnsteig 2 des Bonner Hauptbahnhofs. Als Reisender muß man allerdings beim Umsteigen ca. 600 m Fußweg zurücklegen.
Erste Eisenbahn in Bonn: 15. 2. 1844 (Köln–Bonn)
Streckeneröffnung Bonn-Rheinuferbahnhof–Wesseling–Köln-Trankgasse: 1. 9. 1905
(von Anfang an elektrifiziert und Normalspur)
Aufnahme vom 9. 6. 1978

Keine Fahrzeugparade, sondern ganz normaler Betrieb herrscht hier im Bahnbetriebswerk Brühl-Vochem der Köln-Bonner Eisenbahn (KBE). Von den sechs Loks im Bild haben fünf Dieselantrieb, während ganz rechts noch die einzige Elektrolok der KBE zu sehen ist.
Streckeneröffnung: wie Bild 113
Aufnahme vom 3. 2. 1977

116

Kapitel 7

Schienen am Meer

Eines der ersten Erlebnisse, das den Urlauber nach einer Schiffsreise zu den deutschen Nordseeinseln erwartet, ist die Fahrt mit der Inselbahn. Schon lange bevor das weiße Bäderschiff anlegt, sieht man in Borkum, Juist, Langeoog, Spiekeroog und Wangerooge die bunten Wagen bereitstehen. Nach dem Anlegen geht es dann mit dem »Inselexpreß« schaukelnd durch Dünen, Wiesen mit Salzwasservegetation, in Juist sogar auf einer langen Pfahlroststrecke durch das überflutete Wattenmeer zum Dorf, nicht ohne vorher noch ein verschließbares Deichtor passiert zu haben.

Da eine Reihe der Inseln keinen Autoverkehr aufweist, befördert hier die Inselbahn auch alle Güter, von den Lebensmitteln für Tausende von Urlaubern bis zu den Ziegeln für den Hausbau.

Neben den fünf genannten Inseln besitzt auch Baltrum eine Inselbahn, auf der aber nur Güter und die Koffer der Urlauber reisen dürfen.

Wenig bekannt sind die Bahnen zu und auf den Halligen Oland, Langeneß, Nordstrandischmoor sowie auf den unbewohnten Inseln Neuwerk und Minsener Oog. Diese Bahnen dienen ausschließlich dem Küstenschutz, und sie werden nur sporadisch von Materialzügen befahren. Lediglich die wenigen Bewohner von Oland und Langeneß haben sich für die 10 km lange Fahrt übers Wattenmeer zum Festland kleine Wägelchen mit Mopedmotorantrieb selbst gebaut, nachdem auch ihnen das früher übliche Segeln auf Schienen zu unsicher geworden war.

Unsere (Schienen-)Kreuzfahrt durch die Nordsee wäre unvollständig ohne den Hinweis, daß früher auch Norderney, Helgoland, Amrum, Sylt und die bis 1920 deutsche Insel Röm eigene Inselbahnen besaßen. Während die ersten beiden rein militärischen Zwecken dienten, besaß Amrum zeitweise sogar eine elektrische Straßenbahn, während Sylt bis 1970 die einzige deutsche Dieselstraßenbahn betrieb. Lange Zeit waren auch Pferde die einzigen »Lokomotiven«, so in Röm oder auf Spiekeroog bis 1949.

Wenngleich auf Sylt der Dünenexpreß 1970 seinen Abschied nahm, so kann man dort noch immer Eisenbahn fahren – wenn man will, sogar mit einem Intercity. Seit 1928 verbindet nämlich der Hindenburgdamm Sylt mit dem Festland. Und hier herrscht seitdem ein reger Reisezugverkehr. Auch der Autoverkehr nach Sylt wird mit speziellen Zügen über diesen Damm abgewickelt.

Fahren wir mit dem Zug zurück zum Festland, um uns auch dort an der Küste ein wenig umzusehen.

Für den Verkehr nach Amrum, Föhr und zu den Halligen hat die Kleinbahn Niebüll – Dagebüll erhebliche Bedeutung. Im Sommer übernimmt sie in Niebüll von den DB-Schnellzügen zahlreiche Kurswagen aus deutschen Großstädten. Der Triebwagen der Kleinbahn schleppt die Kurswagen dann nach Dagebüll-Mole, wo unmittelbarer Schiffsanschluß besteht. Die DB-Nebenbahn Jever-Harle weist dagegen ein anderes Kuriosum auf. Sie verkehrt nur im Sommer, und ihr Fahrplan wechselt täglich in Abhängigkeit von Ebbe und Flut, da die Anschlußschiffe nach Wangerooge nur bei Flut fahren können.

Leider soll die Bahnlinie stillgelegt werden; hoffentlich nicht nur, weil sie mit ihrem täglich wechselnden Fahrplan im Kursbuch zu viele Seiten beansprucht.

117

Auf Wangerooge fährt die einzige Inselbahn der Deutschen Bundesbahn. Sie wurde von den Großherzoglich Oldenburgischen Staatseisenbahnen erbaut und gelangte 1920 zur Deutschen Reichsbahn. Zusammen mit der im Kapitel 5 erwähnten Schmalspurbahn Ochsenhausen – Warthausen stellt sie eine der beiden letzten Schmalspurbahnen der DB (Meterspur) dar.

Streckeneröffnung Westanleger – Bahnhof Wangerooge: 3. 7. 1897
Aufnahme vom 28. 3. 1975 beim Haltepunkt Saline

118

Fast jeder Wagen weist eine andere Farbgebung auf. Besonders begehrt sind im Sommer die Plätze auf den offenen Übergangsbühnen.
Aufnahme vom 27. 3. 1975 am Westanleger

Speziell für die Inselbahn Wangerooge ließ die DB von 1952–1959 drei kleine Diesellokomotiven bauen. 1971 wurde von der Juister Inselbahn eine weitere gebraucht übernommen. Die älteste dieser als Kleinloks bezeichneten Fahrzeuge ist die 329501-1, die 1952 nach Zeichnungen der Heeresfeldbahndieselloks gebaut wurde (vgl. auch Kapitel 5; Nassauische Kleinbahn).
Aufnahme vom 27. 3. 1975 im Bahnhof Wangerooge

Deutsche Bundesbahn
Köf
329 501-1
BD Hannover
Bw Oldenbg
Brgw. 16.to

119

120

Zwischen Anleger und Haltepunkt Saline führt die Bahn durch das bei Hochwasser ungeschützte Wattenmeer. Zahlreiche Priele, die durch zurückflutendes Wasser bei Ebbe entstehen, müssen auf Brücken überquert werden.
Aufnahme vom 28. 3. 1975

Besonders eindrucksvoll ist eine Fahrt vom weit im Meer liegenden Anleger zur Insel Juist. Der Meterspurtriebwagen T4 gehörte bis 1962 der Kreis Altenaer Eisenbahn im Sauerland. Im angehängten Güterwagen werden Gepäck, bei Überfüllung aber auch schon einmal Reisende befördert.
Streckeneröffnung Anleger – Bahnhof Juist: 19. 6. 1898
Aufnahme vom 7. 8. 1972

121

Die Baltrumer Inselbahn (600 mm Spurweite) dient ausschließlich dem Güter- und Gepäckverkehr vom Anleger zum Ort. Die winzige 26-PS-Lok zieht ihre vier vollbeladenen Wägelchen zum Dorf.
Streckeneröffnung Anleger – Baltrum-Dorf: Mai 1960 (Bereits ab 1949 gab es eine handbetriebene Lorenbahn.)
Aufnahme vom 22. 8. 1977

122

123

Auf diesem Bild ist fast die gesamte Strecke der Inselbahn Baltrum zu sehen (Gesamtstreckenlänge: 450 m). Die Gleise liegen in Sandbettung und sind mit Gras überwachsen. Im Hintergrund ist das Westdorf von Baltrum zu erkennen.
Aufnahme vom 22. 8. 1977

Bevor wir nach Nordfriesland weiterreisen, machen wir auf der DB-Nebenbahn Nordenham – Blexen einen Abstecher zur Wesermündung. Dort besteht direkter Schiffsanschluß nach Bremerhaven. 1980 wurde der Schienen-Personenverkehr eingestellt, und lange wird man wohl auch nicht mehr Schiffsfahrkarten im Bahnhof Blexen kaufen können.
Streckeneröffnung Nordenham – Blexen: 10. 4. 1905
Stillegung Personenverkehr Nordenham – Blexen: 31. 5. 1980
Aufnahme vom 16. 5. 1980

124

125

Der Triebwagen T2 der Kleinbahn Niebüll–Dagebüll hat im DB-Bahnhof Niebüll die Kurswagen aus Köln abgeholt und überquert nun den Bahnhofsvorplatz auf dem Weg zum Kleinbahn-Bahnhof Niebüll. In Dagebüll-Mole warten schon die Schiffe nach Amrum und Föhr.

Streckeneröffnung Niebüll–Dagebüll: 13. 7. 1895 (Meterspur)

Umbau auf Normalspur: 1. 5. 1926

Aufnahme vom 25. 8. 1972

126

Von Dagebüll zur Hallig Oland und von dort zur Hallig Langeneß führt diese Materialbahn des Amtes für Land- und Wasserwirtschaft auf 10 km Länge durch das Wattenmeer (Spurweite: 900 mm). Da die Schienen häufig vom Salzwasser überflutet werden, haben sie nur eine geringe Lebensdauer. Die kleinen Hügel im Hintergrund sind die Warften von Langeneß, die so hoch liegen, daß sie nur ein- bis zweimal im Jahr überflutet werden. – Streckeneröffnung Dagebüll – Langeneß: 1926. – Aufnahme vom 21. 8. 1972 zwischen Oland und Langeneß

Kapitel 8

Schienenwege in die Großstadt

Am Schicksal der ersten deutschen Eisenbahn von Nürnberg nach Fürth läßt sich gut aufzeigen, welche Entwicklung Klein- und Privatbahnen im Einzugsbereich großer Städte durchlaufen können. Seit dem 7. 12. 1835 verband die erste deutsche Eisenbahn, die von der privaten Ludwigseisenbahn-Gesellschaft betriebene Strecke Nürnberg – Fürth, die beiden gewerbereichen Städte. Das Unternehmen florierte bald recht gut, konnte jedoch nicht weiter expandieren und bekam schon am 1. 10. 1862 Konkurrenz durch die neue Staatsbahnlinie Nürnberg – Fürth. Spätestens zu diesem Zeitpunkt war die Ludwigseisenbahn zu rein lokaler Bedeutung degradiert worden, und ein zweiter schwerer Schlag war die Eröffnung der Straßenbahn zwischen beiden Städten auf einer zur Ludwigseisenbahn genau parallel geführten Trasse im Jahre 1881. Bis zum 31. 10. 1922 konnte sich die Ludwigseisenbahn noch halten, dann war der Kampf verloren, und die Trasse der ersten deutschen Eisenbahn wurde fortan von der Nürnberg-Fürther Straßenbahn genutzt. So ist es noch heute, doch schon in wenigen Jahren wird hier die Straßenbahn der U-Bahn weichen müssen, für die bereits seit dem 13. 11. 1970 eine längere Strecke zwischen Nürnberg und Fürth fertiggestellt ist. Noch wird dieses U-Bahn-Teilstück mit Straßenbahnwagen befahren, aber zur 150-Jahr-Feier der deutschen Eisenbahnen am 7. 12. 1985 wird man statt mit dem »Adler« und seinen kleinen gelben postkutschenähnlichen Wagen mit einem roten U-Bahn-Zug fahren.

Die meisten anderen Privatbahnen im Bereich der Großstädte haben natürlich keine so exklusive Geschichte, sondern wurden erst in den rund 30 Jahren vor und nach der Jahrhundertwende eröffnet. Häufig waren sie schmalspurig und wurden mit Dampfloks betrieben, die dann erst später durch Dieseltriebwagen oder auch durch einen straßenbahnähnlichen elektrischen Betrieb ersetzt wurden. Eine Reihe dieser Bahnen, so z. B. in Stuttgart, Frankfurt, Köln, Bonn (BGM) und Reutlingen, wurde auch vollständig von der jeweiligen Straßenbahn am Ort übernommen und war von dieser dann nicht mehr zu unterscheiden. Andere blieben selbständig, beschafften aber typische Straßenbahnfahrzeuge, so z. B. im Raum Mannheim – Ludwigshafen – Heidelberg, in Bonn (SSB) oder in Karlsruhe. Auch mit Dieseltriebwagen betriebene nichtbundeseigene Vorortbahnen gibt es noch, so z. B. die als letzte deutsche Privatbahn erst 1953 eröffnete Alsternordbahn in Hamburg.

Die Deutsche Bundesbahn richtete manche ihrer Nebenbahnen im Einzugsbereich großer Städte schnellbahnmäßig her. Dies geschah besonders im Zuge des Aufbaus großer S-Bahnnetze in München, Stuttgart, Frankfurt und Hamburg. In München kann man heute z. B. vom ehemaligen Endpunkt einer Lokalbahn bis zum unterirdischen Bahnhof Marienplatz, unter dem Münchener Rathaus durchgehend, im weiß-blauen Schnellbahnwagen reisen.

Nur wenig hat sich von der Nebenbahnromantik auf diesen Schienenwegen in die Großstadt erhalten. Aber es gibt sie noch, und auch der Kontrast zwischen einem modernen S-Bahn-Zug und der ländlichen Station St. Kolomann oder den Wäldern bei Großhelfendorf hat seinen Reiz.

127

Ein Triebwagenzug der in der Einleitung erwähnten Alsternordbahn fährt in den Bahnhof Meeschensee-Alsterquelle ein. Die Bahn wurde zunächst mit Akkumulatoren-Triebwagen betrieben, die 1956 durch diese MAN-Schienenbusse ersetzt wurden. Heute hat die Bahn keine eigenen Fahrzeuge mehr. Den Verkehr bestreiten Wagen der Eisenbahn Altona-Kaltenkirchen-Neumünster (AKN).
Streckeneröffnung Ochsenzoll – Ulzburg-Süd: 13. 5. 1953
Aufnahme vom 6. 10. 1970

128

129

Von den vier Triebwagen der Alsternordbahn gelangte 1977 einer zur Hamburger Hafenbahn, einer zu den Südwestdeutschen Eisenbahnen AG (SWEG) und zwei zu den Württembergischen Nebenbahnen (WNB).
Im Auftrag der letztgenannten Bahn wartet hier der ehemalige VT 4.44 der Alsternordbahn auf eine gründliche Aufarbeitung in der Werkstatt Lengerich der Teutoburger Wald-Eisenbahn (TWE, siehe Kapitel 1). Die TWE führt für viele Bahnen in Deutschland Reparaturen und Untersuchungen durch.
Aufnahme vom 1. 7. 1979

Die Eisenbahn Altona – Kaltenkirchen – Neumünster (AKN) erhielt 1976/77 16 moderne Doppeltriebwagen für den Verkehr nach Hamburg. Einer davon (VT 2.34) steht hier im Lokschuppen Kaltenkirchen neben einem seiner Vorgänger (VT 2.24), einem Uerdinger Schienenbus. Dieser stammt ursprünglich von der Kleinbahn Weidenau-Deuz und konnte 1977 von der AKN an die Vorwohle-Emmerthaler Verkehrsbetriebe verkauft werden, wo wir ihn in Kapitel 1 schon kennengelernt haben.
Streckeneröffnung Altona – Kaltenkirchen: 8. 9. 1884
Kaltenkirchen – Bramstedt: 20. 8. 1898
Aufnahme vom 27. 9. 1976

Am 11. 8. 1978 wurde der durchgehende Stadtbahnverkehr zwischen Köln-Mülheim und Bonn-Bad Godesberg eröffnet. Während in Bonn und Köln Strecken der jeweiligen Straßenbahnen und U-Bahnen benutzt werden, bildet das Bindeglied die ehemalige Rheinuferbahn der Köln-Bonner Eisenbahnen (KBE, siehe Kapitel 6). Die Strecke wird durchgehend als Linie 16 von gleichen Wagen der drei Verwaltungen befahren. Auf Teilstücken fahren die Linien 15 (in Köln) bzw. 3 (in Bonn).
Hier sehen wir einen Wagen der Kölner Verkehrsbetriebe (KVB) auf dem Ubierring in Köln als Linie 15.
Streckeneröffnung Köln-Chlodwigplatz – Ubierring (Ringlinie der Kölner Straßenbahn): 1. 5. 1902 (von Anfang an elektrifiziert)
Aufnahme vom 20. 8. 1978

130

131

Ein anderer Kölner Wagen – hier als Linie 16 in Bonn-Tannenbusch-Süd, einer ehemaligen Station der KBE-Rheinuferbahn. Das Teilstück Hersel – Bonn-West stellt bereits die dritte Streckenführung der KBE in Bonn dar und mußte zuletzt 1968 wegen eines Autobahnkreuzes neu gebaut werden. Von dem sogenannten Stadtbahnwagen B beschafften vier Betriebe im Köln – Bonner Raum zwischen 1973 und 1978 insgesamt 99 Einheiten. Auch in anderen Städten (bis heute Essen, Mülheim, Düsseldorf) wird das Fahrzeug eingesetzt.
Streckeneröffnung Hersel – Bonn-West: 16. 12. 1968 (elektrifiziert)

Aufnahme vom 12. 4. 1979

132

Vom 11. 7. 1870 bis zum 2. 8. 1914 bestand zwischen Bonn-Hbf und Oberkassel auf der anderen Rheinseite eine Nebenbahn der Preußischen Staatsbahn, wobei der Rhein mit einer Eisenbahnfähre überbrückt wurde. Genau an der Stelle des alten Trajektes wird 1981 wieder ein Schienenweg über die Bonner Südbrücke entstehen, der eine Verbindung vom Bonner U-Bahnnetz der Stadtwerke Bonn (SWB) zur Strecke Bonn – Bad Honnef der Bahnen der Stadt Bonn und des Rhein-Sieg-Kreises (SSB) herstellen wird. Zur Bundesgartenschau 1979 wurde bereits ein erstes Teilstück eröffnet, das bisher noch auf der Rheinbrücke im Mittelstreifen einer Autobahn endet.
Streckeneröffnung Bonn-Landesbehördenhaus – Bonn-Rheinaue: 21. 4. 1979 (elektrifiziert)
Aufnahme vom 21. 7. 1979 in der vorläufigen Endstation Rheinaue

133

Die Elektrischen Bahnen der Stadt Bonn und des Rhein-Sieg-Kreises (SSB) betreiben von Bonn aus zwei Strecken nach Siegburg und nach Bad Honnef.
Hier wartet in der Endstelle Bad Honnef vor der Kulisse des Drachenfelses der Triebwagen 405 auf die Rückfahrt nach Bonn. Die SSB war bis 1960 als elektrische Kleinbahn, und ist seither als Straßenbahn konzessioniert.
Streckeneröffnung Königswinter – Bad Honnef: 27. 9. 1925 (von Anfang an elektrifiziert)
Aufnahme vom 16. 1. 1977

134

Unter dieser Brücke an der Haltestelle Heidegärten der Bielefelder Straßenbahn dampften früher die Züge der Bielefelder Kreisbahn (Meterspur). Jahrelang war die Trasse nach der Stillegung 1956 ungenutzt und wuchs zu, bis sie 1968 von der Straßenbahn wieder befahren wurde.

Streckeneröffnung (Bielefelder Kreisbahn) Bielefeld-Herforder Straße – Enger bzw. Werther: 1. 4. 1901
Einstellung Personenverkehr Bielefeld – Enger bzw. Werther: 13. 2. 1954
Gesamtstillegung Bielefeld – Werther: 1. 8. 1956

Straßenbahnneueröffnung Bielefeld-Kattenkamp – An der Reegt: 14. 4. 1968
Aufnahme vom 14. 7. 1976

135

Auch die berühmte Wuppertaler Schwebebahn war ursprünglich als nebenbahnähnliche Kleinbahn konzessioniert und diente der Verbindung der damals selbständigen Städte Barmen, Elberfeld und Vohwinkel. Heute hat sie im 1929 gegründeten Wuppertal eine ausschließlich innerstädtische Verkehrsfunktion. Die alten Wagen aus dem Eröffnungsjahr (hier neben der DB-Strecke Köln – Hagen) wurden 1972 durch 28 moderne Gelenkzüge ersetzt.
Streckeneröffnung Kluse – Rittershausen:
27. 6. 1903
Aufnahme vom 13. 4. 1971

In Erding steht der Lokschuppen für das »Bokkerl« der Localbahn Erding – Markt-Schwaben leer. Dafür verkehren auf der eingleisigen Strecke heute alle vierzig Minuten durchgehende S-Bahn-Züge nach München. Die Triebwagen der Baureihe 420/421 fahren heute auf den S-Bahnen in München, Stuttgart, Frankfurt, Köln und im Ruhrgebiet.
Streckeneröffnung Erding – Markt-Schwaben:
16. 11. 1872
Elektrifizierung Erding – München-Ost:
27. 9. 1970
Aufnahme vom 28. 5. 1979

136

137

Das letzte Teilstück der S-Bahn von München nach Kreuzstraße verläuft überwiegend im Wald. Dementsprechend hat der Bahnhof Kreuzstraße besondere Bedeutung für den Ausflugsverkehr an sonnigen Wochenenden und Feiertagen.

Streckeneröffnung Aying – Kreuzstraße: 25. 11. 1912
Elektrifizierung München-Giesing – Kreuzstraße: 26. 9. 1971. – Aufnahme vom 28. 3. 1976 zwischen Kreuzstraße und Großhelfendorf

138

Vor dem Hauptbahnhof Karlsruhe treffen sich der Triebwagen 22 der Albtalbahn und zwei Straßenbahnwagen der Verkehrsbetriebe Karlsruhe. Das heutige Netz der Albtalbahn entstand als meterspurige Schmalspurbahn vom 6. 8. 1895 bis zum 10. 4. 1899. Am 1. 9. 1961 war der 1958 begonnene Umbau auf Normalspur abgeschlossen. Seither kann die Albtalbahn auch die Gleise der Straßenbahn in Karlsruhe – wie hier am Hauptbahnhof – mitbenutzen. Zusätzlich zur Strecke von Karlsruhe nach Bad Herrenalb wurde am 16. 10. 1975 auch eine Neubaustrecke nach Ittersbach eröffnet, die früher schon einmal mit anderer Linienführung bestanden hatte. Neben 25 Triebwagen und zwei Dieselloks wird heute auch die ehemalige DB-Dampflok 86 346 der Ulmer Eisenbahn-Freunde vor Museumszügen eingesetzt. Daß man sich der Tradition verpflichtet fühlt, beweist auch der Ankauf der Bahnhofshalle vom stillgelegten DB-Bahnhof Baden-Baden, die heute in Bad Herrenalb die Reisenden vor Wind und Regen schützt.

Streckeneröffnung Straßenbahn zum neuen Hauptbahnhof in Karlsruhe seit 19. 10. 1913

Erste Straßenbahn (Pferdebahn) in Karlsruhe: 21. 1. 1877

Albtalbahn siehe oben im Text.

Aufnahme vom 10. 8. 1977

Kapitel 9

Eine Welt für sich – Werks- und Feldbahnen

Nur wenige von uns werden noch eine Feldbahn – das ist eine kleine schmalspurige Materialbahn – aus eigener Anschauung kennen. Und wenn die Älteren sich erinnern, dann tauchen vielleicht eher triste Bilder von den Trümmerbahnen in den deutschen Großstädten am Ende des Zweiten Weltkrieges auf. Die Zahl der übriggebliebenen Feldbahnen bei Lehmgruben, Ziegeleien, Torfwerken und auch im Bergbau ist durch LKWs und Förderbänder gering geworden, und auch die wenigen verbliebenen sind bei Eisenbahnfreunden kaum bekannt, da sie oft in unzugänglichem Werksgelände liegen. Für den Verfasser begann mit einer Feldbahn der Kontakt zur Eisenbahn, bot ihm doch in seiner Kindheit die Feldbahn eines Kalksandsteinwerkes die Möglichkeit, an Sonntagen so etwas wie Lokführer zu spielen. »Lok« war in diesem Fall eine kleine Kipplore, die durch die abschüssige Strecke zu einem Baggersee eine nicht ganz ungefährliche Geschwindigkeit erreichte.

Die klassische Feldbahnspurweite ist 600 mm, aber auch noch kleinere Spurweiten kommen vor, während die besseren Feldbahnen meist 900-mm-Spur aufweisen. Anfangs wurden Feldbahnen von kleinen zweiachsigen Dampflokomotiven befahren, die von den Lokomotivfabriken – anders als größere Loks – auf Vorrat gebaut wurden. Dann setzten sich jedoch schnell kleine Dieselloks durch. Nur sehr vereinzelt hat es auch elektrifizierte Feldbahnen gegeben, die meistens schon gebaut wurden, als der Dieselmotor noch keine Alternative zum Dampfbetrieb darstellte.

In der Überschrift zu diesem Kapitel werden neben den Feld- auch die Werksbahnen genannt. Zahlreiche Industriebetriebe oder auch Handelsfirmen besitzen einen Gleisanschluß an das DB-Schienennetz, und wenn dort das Verkehrsaufkommen groß genug ist, lohnt sich die Anschaffung eigener Lokomotiven für den Rangierbetrieb. Diese meist normalspurigen Anschlußbahnen befriedigen z. T. aber auch rein innerbetriebliche Verkehrsbedürfnisse, so z. B. von den Kohlengruben zur nahegelegenen Kokerei, zum Stahlwerk oder zum zecheneigenen Hafen.

Derartige Netze können riesige Dimensionen erreichen wie das Gleisnetz der Ruhrkohle AG im Ruhrgebiet oder das Netz des Volkswagenwerks in Wolfsburg.

Auch auf den Werksbahnen dominiert heute die Diesellokomotive, und der früher etwas häufigere elektrische Betrieb hat sich im wesentlichen nur auf einigen Strecken des Ruhrgebiets – dort allerdings mit modernster Technologie – halten können. Aber auch Deutschlands letzte Berufsdampflokführer finden bei Werksbahnen ohne Umschulung auf Dieselloks ihr Auskommen. Da Zechen über relativ billige Kohle verfügen, verkehrten 1980 bei der Saarbergwerke AG und beim Eschweiler-Bergwerksverein (EBV) im Aachener Revier die letzten Dampflokomotiven – wenn man vom Museumsbetrieb absieht. Die EBV führte auch 1980 noch Hauptuntersuchungen bei Dampfloks durch, und es bestehen keine Pläne, die Dampfloks durch Dieselloks zu ersetzen. So werden auch noch nach Erscheinen dieses Buches Dampflokomotiven die Szene in Siersdorf und Alsdorf bei Aachen beherrschen.

139

Die Firma Zeller & Gmelin in Eislingen/Fils hat sich eine recht moderne kleine Lok als Werklok Nr. 2 zugelegt. Die Maschine wurde 1963 von Deutz gebaut und erreicht 14,5 km/h Höchstgeschwindigkeit. Selbst die lassen sich auf dem kurzen normalspurigen Werksnetz kaum ausfahren.
Aufnahme vom 13. 5. 1970

140

Im DB-Bahnhof Heimboldshausen wartet hier die Lok 2 der Kali und Salz GmbH, Hattorf, auf neue Aufgaben. Über diese vom übrigen Netz isolierte Strecke der Deutschen Bundesbahn haben wir schon in Kapitel 1 im Zusammenhang mit der Hersfelder Kreisbahn berichtet. Die Lok gehört zu einer bei Klein- und Werksbahnen häufig anzutreffenden Typenreihe der MaK in Kiel.
Aufnahme vom 29. 8. 1972

141

Bei Werksbahnen hat sich bis heute noch eine Anzahl sogenannter feuerloser Dampflokomotiven halten können. Bei ihnen wird der Dampf nicht im Lokkessel erzeugt, sondern lediglich Fremddampf im Kessel gespeichert. Diese Loks sind besonders dann wirtschaftlich, wenn in dem jeweiligen Industriebetrieb nicht weiterverwertbarer Prozeßdampf bei der Produktion anfällt, der sonst in die Luft abgelassen würde. Auch in explosionsgefährdeten Betrieben (Raffinerien, chemische Fabriken) werden gerne feuerlose Dampfloks verwendet.
Unser Bild zeigt eine moderne, dreiachsige, 1958 von Krupp gebaute Maschine des Kraftwerks Altbach am Neckar.
Aufnahme vom 30. 5. 1972

Die letzte regulär in Deutschland eingesetzte preußische T3 war die Lok 2^{b} der Zuckerfabrik Warburg. Ihre Betriebsnummer stammt schon von ihrem ersten Eigentümer, der heute durch die DDR-Grenze unterbrochenen Oschersleben-Schöninger Eisenbahn. Lokomotiven bei Zuckerfabriken waren meist nur während der Zeit der Zuckerrübenkampagne von Oktober bis November – dann allerdings häufig Tag und Nacht – im Einsatz.
Hier sehen wir das für die T3 typische Triebwerk mit der sogenannten Allan-Exzentersteuerung.
Aufnahme vom 5. 10. 1979

142

143

Nach Diesel-, Dampf- und feuerlosen Loks wollen wir auch eine Elektrolokomotive einer industriellen Anschlußbahn vorstellen. Diese hier ist zusätzlich eine der ältesten Elektroloks, die heute in Betrieb stehen. Da die Werksbahn der Firma Kuntze in Süßen/Fils knapp 100 m lang ist, war der Dienst auch wohl nicht zu anstrengend.
Aufnahme vom 6. 4. 1970

Wesentlich kleiner und älter als die bereits vorgestellte Dampfspeicherlok ist diese ebenfalls feuerlose Lok des Großkraftwerks Franken in Nürnberg-Gebersdorf (Baujahr 1918).
Aufnahme vom 7. 1. 1971

144

145

In den Hamburger Stadtteilen Altona und Ottensen erschließt seit dem 31. 8. 1898 die meterspurige Ottensener Industriebahn zahlreiche kleinere Industriebetriebe. Das einstmals ausgedehnte Netz mit mehr als 70 Gleisanschlüssen führt fast ausschließlich durch Straßen mit z. T. regem Verkehr. Die normalspurigen Güterwagen werden auf meterspurigen Rollböcken transportiert und seit Aufgabe des Dampflokbetriebes 1956 von LKWs gezogen. Diese Schmalspur-Güterstraßenbahn mit LKW-Betrieb stellt in manchen Hauptstraßen ein Verkehrshindernis ersten Ranges dar und ist daher stark einstellungsbedroht. Hier hat sich der »Güterzug« in der Behringstraße vor einer Ampel auf der Gegenfahrbahn »eingeordnet«, um nach links einzubiegen. Einen Autofahrer würde das sehr teuer zu stehen kommen.
Aufnahme vom 24. 2. 1977

146

Oftmals kommt es bei der Ottensener Industriebahn zu Betriebsunterbrechungen, weil die Schienen zugeparkt sind, obwohl schon am Tag vorher transportable Halteverbotsschilder aufgestellt wurden. Dann heißt es warten und notfalls auch einmal anfassen.
In der Straße »Am Born« hat hier jedoch der Zug freie Fahrt.
Aufnahme vom 24. 2. 1977

Das Zementwerk Schelklingen betrieb eine moderne elektrifizierte schmalspurige Werksbahn. Hinter der 1960 gebauten Lok 3 sind Selbstentladewagen für Kalksteine zu sehen.
Aufnahme vom 8. 12. 1970

147

148

Dieser vierachsige Gütertriebwagen mit Motor in der Mitte und vorgehängtem Führerhaus ist sicher eines der interessantesten Feldbahnfahrzeuge. Es steht im Einsatz bei einer Lehmgrube in Klosterbeuren bei Memmingen.
Aufnahme vom 30. 3. 1971

149

Bei der Saarbergwerke AG waren auch 1980 noch Dampflokomotiven auf den normalspurigen Zechenbahnen im Einsatz. Die vierachsige Lok 37 ist eine moderne Nachkriegsdampflok (Krauss-Maffei 1949).
Aufnahme vom 4. 4. 1975 in Landsweiler-Reden

150

Diese Feldbahn konnte man beim Kieswerk Kässbohrer in Ulm-Ludwigsfeld bewundern. Der Lokführer muß sehr genau den Beladungsvorgang beobachten, damit nicht zuviel danebengeht.
Aufnahme vom 17. 4. 1970

151

Dies ist kein Feldbahndenkmal, sondern der Reparaturstand der gleichen Bahn. Die Lok wurde 1950 von der Firma Schöma in Diepholz gebaut.
Aufnahme vom 17. 4. 1970

In Ehrenstein bei Ulm betrieb ein Kalkwerk eine Feldbahn. Die Verladung erfolgte hier durch einen großen Verladebunker sowohl für die Feldbahn als auch für LKWs.
Aufnahme vom 17. 4. 1970

152

153

Relativ lange herrschte Dampfbetrieb bei den Zechenbahnen der Ruhrkohle AG. Unter diesen Bahnen nimmt die am 1. 7. 1904 eröffnete Strecke Bockum-Hövel – Werne insofern auch heute noch eine Sonderstellung ein, als sie öffentlichen Personenverkehr mit zwei werktäglichen Zügen betreibt. Manchmal stand der Personenwagen nicht zur Verfügung, dann mußten die Reisenden (meist nur ein Fotograf) auf dem Führerstand der Dampflok mitfahren. Die Personenzüge wurden häufig von Loks der ehemaligen Baureihe 80 der DB gezogen, von denen hier eine auf einer Kohlenhalde in Werne zu sehen ist. Von den 39 in den Jahren 1928/29 gebauten Einheitsloks der Reihe 80 verblieben nach Kriegsende 17 bei der DB,

154

davon wurden 9 an Privat- und Zechenbahnen weiterverkauft.
Aufnahme vom 31. 8. 1972

Vor der Kulisse der Zeche Radbod in Hamm rangiert die 1952 gebaute Dampflok 5 ihren Kohlenzug.
Aufnahme vom 31. 8. 1972

155

Eine weitere Aufnahme vom Kalkwerk Ehrenstein bei Ulm. Der »Schönwetter«-Führerstand dürfte bei Regen weniger angenehm für den Lokführer sein. Interessant sind auch die unterschiedlichen Radbauarten der Lokomotive.
Aufnahme vom 17. 4. 1970

Auch Zechenbahnen können landschaftliche Schönheiten aufweisen. Die Hespertalbahn von Essen-Kupferdreh zur Zeche Pörtingsiepen und weiter nach Hesperbrück führt durch einen Wald, entlang des Baldeneysees. Die Zeche war bis zur Einstellung der Kohlenförderung 1973 die letzte Zeche im Tal der Ruhr. Seither wird die am 1. 6. 1877 eröffnete Strecke von einer Museumsbahn genutzt.
Die Aufnahme zeigt den Bahnhof Pörtingsiepen, wo zum Schichtwechsel die Personenzüge für die Bergleute hielten.
Aufnahme vom 7. 11. 1974

156

Kapitel 10

»Werktags außer samstags« – die Nebenbahnen der Deutschen Bundesbahn

Der Hinweis im Kursbuch »Werktags außer samstags« bei fast allen Nebenbahnpersonenzügen der DB ist einer von vielen Indikatoren für die geringe Bedeutung der Nebenbahnen für die Deutsche Bundesbahn. Nur zu oft war er ein Vorläufer des Hinweises »Reisezugverkehr eingestellt«, und wenn die Diskussionen der letzten Jahre um das »betriebswirtschaftlich optimale Netz« Wirklichkeit geworden wären, gäbe es bald keine einzige Nebenstrecke mit Personenverkehr mehr.

Nachdem etwa um 1870/1880 alle wichtigen Hauptbahnen im Deutschen Reich fertiggestellt waren, begann der Staat, auch dort Linien anzulegen, wo zwar ein Verkehrsbedürfnis vorhanden, aber andererseits nicht unbedingt ein Gewinn oder auch nur eine Verzinsung des Baukapitals zu erwarten war. Manche Linien wurden zur Verbesserung der Infrastruktur einer Region auch dann gebaut, wenn von vornherein klar war, daß sie Verluste erbringen würden – eine Überlegung, die heute bei der Diskussion um das Defizit der DB leicht vergessen wird. Die meisten Nebenbahnen, die in der heutigen Bundesrepublik liegen, wurden von den Staatsbahnen Preußens, Bayerns, Württembergs, Badens und Oldenburgs erbaut, die Bahnen auf dem heutigen Gebiet der DDR von den Staatsbahnen Preußens, Sachsens und Mecklenburgs. Am 1. 4. 1920 wurden diese sieben Länderbahnen zur Deutschen Reichsbahn zusammengefaßt, die in der Bundesrepublik 1949 in Deutsche Bundesbahn umbenannt wurde. Nach 1920 hatte sich die Reichsbahn u.a. verpflichtet, ein umfangreiches Nebenbahnbauprogramm der vormaligen Länderbahnen zu Ende zu führen, das aber durch die schwierigen Jahre nach dem Ersten Weltkrieg, die Weltwirtschaftskrise und die aufkommende Motorisierung nur noch zum Teil realisiert wurde. Nach Ende des Zweiten Weltkriegs bis heute wurden dann Tausende von Kilometern stillgelegt und abgebaut oder zumindest der Personenzugverkehr eingestellt. So wurde z. B. zum Sommerfahrplan 1980 auf 21 Nebenbahnen mit über 300 km Gesamtlänge der Personenverkehr aufgegeben.

Das wichtigste Fahrzeug auf DB-Nebenstrecken, den Schienenbus, haben wir schon in Kapitel 4 vorgestellt, und auch die letzten Tage der Dampflokomotiven auf Nebenbahnen konnten wir in Kapitel 2 im Bild erleben.

Typische Nebenbahnfahrzeuge sind heute – neben den Schienenbussen – die Diesellokomotiven der Baureihe V 100 (heute 211, 212, 213) und die Akkumulatortriebwagen der Baureihe ETA 150 (heute 515).

Von der Baureihe V 100 wurden von 1958 bis 1966 insgesamt 745 Maschinen beschafft, von denen bisher nur eine Unfall-Lok wieder ausgeschieden ist. Durch ihre hohe Stückzahl ist diese Diesellok auf fast allen Nebenbahnen im Güter- und Personenverkehr zu finden. Eine Möglichkeit, elektrisch auch auf nicht elektrifizierten Strecken zu fahren, bietet der Akkumulatortriebwagen ETA 150. Von ihm wurden von 1954 bis 1965 232 Triebwagen und 216 zugehörige Steuerwagen geliefert, die bis auf drei Trieb- und einen Steuerwagen auch noch alle im Dienst stehen.

Daneben finden wir auf Nebenbahnen zahlreiche weitere Fahrzeugtypen, so die Dieselloks der Reihen 215, 216, 218, 260, 261 und 290, die modernen Dieseltriebwagen 614, 624, 627, 628 und 634, die wenigen Akkumulatortriebwagen der Reihe 517 und sogar die winzigen Kleinlokomotiven der Reihen 323–324, 332 und 333. Wir können diese Fahrzeugtypen hier leider nicht ausführlicher vorstellen und verweisen den interessierten Leser auf das Lokomotiv- und Triebwagen-Lexikon, das im gleichen Verlag erschienen ist. Viele dieser Fahrzeuge werden uns aber auf den kommenden Seiten begegnen.

157

158

Der Personenzug von Dannenberg-Ost nach Lüneburg wartet mit seiner Lokomotive 212235-6 im Bahnhof Dahlenburg auf die Kreuzung mit einem Schienenbus. Während der Lokführer im Dienstraum eine Illustrierte durchblättert, schließt der Bahnhofsvorsteher die Schranken. Die genannte Linie war bis zur Grenzziehung 1945 eine Hauptbahn, die über die Elbebrücke bei Dömitz weiter nach Wittenberge in der heutigen DDR führte. Der Personenverkehr ist zur Stilllegung vorgesehen.
Streckeneröffnung Lüneburg-Hitzacker:
31. 12. 1874
Aufnahme vom 23. 5. 1980

Diese Zuggarnitur begegnet uns noch einmal auf derselben Strecke in Hitzacker, sie wird hier auf der Fahrt in Richtung Dannenberg-Ost vom Wendezugsteuerwagen aus gefahren.
Das für den heutigen Betrieb viel zu große Bahnhofsgebäude der einstigen Berlin-Hamburger Eisenbahn-Gesellschaft weist auf die frühere Bedeutung der Strecke hin. Die Wendezugsteuerwagen mit ihrem winzigen Führerstandsfenster und der Übergangseinrichtung zum nächsten Wagen wird man wohl auch nicht mehr lange erleben können, da alle Wagen dieser Bauart neue moderne Kopfteile erhalten.
Streckeneröffnung Hitzacker-Wittenberge:
15. 12. 1873
Aufnahme vom 23. 5. 1980

Nur selten kommt eine Kleinlok von Ratzeburg nach Hollenbek, um einige Güterwagen zuzustellen. Auch diese Linie war bis zur Grenzziehung 1945 eine Hauptbahn, die weiter nach Hagenow-Land in der heutigen DDR führte. Aus der Hauptbahnzeit sind in Hollenbek noch die Schranken erhalten.

Der Kleinlokführer wartet hier darauf, daß sie nach dem Passieren des Bahnübergangs vom mitgebrachten Rangierer wieder geöffnet werden. Auf der Hinfahrt hatte man sie gar nicht erst geschlossen, aber da war auch noch niemand zu sehen, der möglicherweise die Einhaltung der Vorschriften fotografisch belegt.

Streckeneröffnung Klein-Berkenthin – Zarrentin: 159
15. 8. 1897
Einstellung Personenverkehr Bad Oldesloe – Klein-Zecher: 29. 9. 1962
Gesamteinstellung Hollenbek – Klein-Zecher: 31. 8. 1971
Aufnahme vom 10. 9. 1976

160

Das Bahnbetriebswerk Soltau stellte zur Dampflokzeit die Lokomotiven für die Nebenstrecken in der Lüneburger Heide. Heute wird der ehemalige Dampflokschuppen nur noch von den Diesselloks der Baureihen 216 und 218 genutzt, die hier allerdings nicht beheimatet sind.

Streckeneröffnung
Uelzen – Soltau – Langwedel: 15. 4. 1873
Walsrode – Soltau: 1. 10. 1896
Soltau – Buchholz: 1. 10. 1901
Aufnahme vom 3. 6. 1979

161

Auf dieser Nebenbahn sollen in einigen Jahren Deutschlands schnellste Züge fahren.
Als Konkurrenz zu bestehenden Hauptbahnen anderer Gesellschaften eröffnete 1879 die Rheinische Eisenbahn-Gesellschaft ihre 161 km lange Strecke Osterfeld-Nord – Quakenbrück. Die Bahn verlief auf langen Teilstücken schnurgerade durch das flache Münster- und Emsland. Auf verschiedenen Teilstücken der Bahn ist heute der Personenverkehr eingestellt. Zwischen Rheine und Quakenbrück wird schon seit dem 31. 5. 1969 nur noch der geringe Güterverkehr – in den letzten Jahren mit einer Kleinlok – bedient. Wegen der dünnen Besiedelung und dem geraden Streckenverlauf kam man bei der Bundesbahn 1977 auf den Gedanken, die Bahn zwischen Rheine und Freren zu einer dringend benötigten Schnellfahrversuchsstrecke auszubauen. Dazu werden das Gleis und der Oberbau vollständig erneuert, alle 31 Bahnübergänge durch Brücken ersetzt oder aufgelassen und die Linie elektrifiziert. Im August 1980 waren auf drei längeren Teilstücken schon die neuen Schienen verlegt. Ab 1982 hofft man auf der insgesamt 23 km langen Strecke Geschwindigkeiten bis 350 km/h erreichen zu können. Das Projekt ist allerdings durch die gegenwärtigen Budgetkürzungen stark gefährdet.
Streckeneröffnung Osterfeld-Nord – Quakenbrück: 1. 7. 1879
Einstellung Personenverkehr Rheine – Quakenbrück: 31. 5. 1969
Elektrifizierung Rheine – Freren: vorgesehen für 1981
Aufnahme vom 28. 7. 1980 (erneuertes Teilstück zwischen Beesten und Freren)

162

Westdeutschland

Zehn Lokomotiven der Baureihe V 100 erhielten eine spezielle hydrodynamische Bremse für Steilstrecken (heute Baureihe 213). Nachdem diese Loks zunächst auf der steigungsreichen Murgtalbahn im Schwarzwald eingesetzt waren, sind sie heute alle beim Bahnbetriebswerk Gießen beheimatet. Dort werden sie z. B. auf der Steilstrecke von Dillenburg nach Wallau eingesetzt, wie hier die 213 335-3. Lange Zeit verkehrten auf dieser Bahn Zahnradloks, die erst durch die Loks der Baureihe 94 (siehe Kapitel 2) ersetzt werden konnten.
Streckeneröffnung Dillenburg – Oberscheld-Hochofen: 15. 2. 1872
Aufnahme vom 7. 6. 1979 in Dillenburg

163

164

Den Streckendienst auf der DB-Strecke Einbeck – Einbeck-Mitte versieht die Diesellok V 65.02 der privaten Ilmebahn, die von Einbeck-Mitte aus Güterverkehr nach Dassel betreibt. Der Personenwagen hinter der Lok gehört dagegen der DB.
Streckeneröffnung Salzderhelden (heute Einbeck) – Einbeck (heute Einbeck-Mitte): 10. 9. 1879
Aufnahme vom 22. 5. 1980 in Einbeck

Seit einem Staudammbruch im Kirchheimer Seepark im Jahre 1977 ist die Bahnlinie Treysa – Bad Hersfeld zwischen Niederaula und Oberaula unterbrochen. Das Zwischenstück übernimmt seither ein Bahnbus, und der mitfahrende Zugschaffner verkauft die Fahrkarten. Obwohl die Reparaturkosten dieses Teilstücks nicht von der DB getragen werden müßten, wird der durchgehende Betrieb nicht wieder aufgenommen werden, da auch für eine der beiden Reststrecken eine Stillegung geplant ist.
Die Diesellok 211 170-6 hat in Oberaula den Zug für die Rückfahrt nach Treysa bereitgestellt.
Streckeneröffnung
Treysa – Oberaula: 1. 8. 1907
Oberaula – Bad Hersfeld: 1. 5. 1906
Gesamteinstellung Oberaula – Niederaula: 22. 8. 1977
Aufnahme vom 2. 8. 1979

Die nur acht Akkumulatortriebwagen der Baureihe 517 tragen wegen ihres Aussehens den Spitznamen »U-Boote« oder »Eierköpfe«. Hier verläßt eine Garnitur den Gießener Hauptbahnhof, um den Mittagspersonenzug nach Londorf zu fahren. Auch diese Strecke soll den Personenverkehr verlieren.
Erste Eisenbahn in Gießen: 25. 8. 1850 (Lollar – Gießen)
Streckeneröffnung (Gießen –) Lollar – Londorf: 1. 6. 1902
Aufnahme vom 4. 12. 1979

165

Beim Bau der Biggetalsperre wurden neue Tunnel und Brücken für die Bahnlinie Olpe – Finnentrop gebaut, um die Strecke höherlegen zu können. Da auch die Straße verlegt werden mußte, konstruierte man Doppelstockbrücken mit dem Autoverkehr in der oberen Etage.
Streckeneröffnung Olpe – Attendorn: 1. 11. 1875
Aufnahme vom 17. 2. 1978 zwischen Sondern und Hohenhagen

Auf dem Willinger Viadukt fährt eine Diesellok der Baureihe 216 mit dreiachsigen Umbauwagen nach Korbach.
Streckeneröffnung Willingen – Usseln: 2. 4. 1917
Aufnahme vom 10. 12. 1975

167

168

An stillgelegten oder auch wenig befahrenen Nebenbahnen werden die Bahnhofsgebäude an Privatleute verkauft oder verpachtet. Die Käufer des Bahnhofs Breitenbach werden nur selten von einem Güterzug gestört. Die Strecke führte von hier noch eine Zeit lang weiter bis zu einem Ort mit dem symbolträchtigen Namen Schwarz.
Streckeneröffnung Niederjossa – Grebenau: 1. 4. 1915
Einstellung Personenverkehr Alsfeld – Niederaula: 26. 5. 1974
Aufnahme vom 2. 8. 1979

169

An der gleichen Strecke von Niederjossa nach Alsfeld liegt dieser imposante Viadukt bei Eifa. Er wird ab und zu von Güterzügen aus Alsfeld befahren. Da nur noch der Bahnhof Eifa hinter der Brücke liegt, wird das Schicksal dieser Teilstrecke spätestens dann besiegelt sein, wenn an dem Viadukt Reparaturen notwendig werden.
Streckeneröffnung Alsfeld – Grebenau: 1. 4. 1916
Einstellung Personenverkehr Alsfeld – Niederaula: 26. 5. 1974
Aufnahme vom 2. 8. 1979

170

Die 140 655-1 zieht einen Eilzug nach Kassel über die Wohra-Brücke bei Kirchhain. Die Brücke im Vordergrund gehört zur Wohratalbahn von Kirchhain nach Zimmersrode, die hier in großem Bogen über die Hauptbahn im Hintergrund sowie eine Bundesstraße nach Norden abbiegt.
Streckeneröffnung Hauptbahn Kirchhain – Marburg: 3. 4. 1850
Elektrifizierung Gießen – Guntershausen: 20. 3. 1967
Streckeneröffnung Nebenbahn Kirchhain – Gemünden (Wohra): 1. 4. 1914

171

Einstellung Personenverkehr Kirchhain-Zimmersrode: 27. 5. 1972
Aufnahme vom 2. 8. 1979

Hermeskeil im Hunsrück besaß früher Schienenverbindungen nach Trier, Türkismühle und Simmern. Die letzte verbliebene Personenzugstrecke nach Trier soll nun auch eingestellt werden. Der moderne Dieseltriebzug der Baureihe 634 hat hier vergeblich im Haltepunkt Hinzenburg angehalten.
Streckeneröffnung Trier – Hermeskeil: 15. 8. 1889
Aufnahme vom 8. 6. 1978

172

Auf der Strecke Wabern – Korbach machen die durchgehenden Züge zwischendurch von Wega aus einen »Abstecher« nach Bad Wildungen. Durch eine Verbindungskurve ist in Wega ein richtiges Gleisdreieck entstanden. In Wega sind außerdem einige wichtige Bahnhofs-»Utensilien«, wie Verspätungstafel, Schrankenkurbel und Gepäckkarre, zu bewundern.

Streckeneröffnung
Wabern – Wega – Bad Wildungen: 15. 7. 1884
Wega – Buhlen sowie 600 m langes direktes Verbindungsgleis bei Wega: 1. 2. 1909

Aufnahme vom 9. 8. 1979

Der Personenzug von Kall nach Hellenthal in der Eifel benutzt in Olef der Einfachheit halber die Dorfstraße. Damit den Autofahrern nicht zu sehr der Schreck in die Glieder fährt (in unserem Bild 75 PS gegen 1100 PS), steigt der Zugführer im Bahnhof Olef aus und geht dem Zug durch den Ort voran. Der Wagen hinter der Lok ist übrigens ein echter Schnellzugwagen.

Streckeneröffnung Kall – Hellenthal: 8. 3. 1884

Aufnahme vom 19. 4. 1978

173

174

Auf zahlreichen Nebenbahnen haben sich die Akkumulatortriebwagen der Baureihe 515 und die zugehörigen Steuerwagen der Reihe 815 bewährt. Obwohl sie äußerlich dem Schienenbus ähneln, haben sie durch das vierachsige Laufwerk und die schweren Akkumulatoren wesentlich bessere Laufeigenschaften. Die leisen Elektromotoren tragen ebenfalls zum Komfort bei. In Heinsberg im Rheinland sind wir am westlichsten Punkt unserer Rundreise über die Nebenbahnen Deutschlands angelangt. Auch diesen Ort kann man nicht mehr mit der Bahn erreichen.

Streckeneröffnung Lindern – Heinsberg: 1. 6. 1890
Einstellung Personenverkehr Lindern – Heinsberg: 27. 9. 1980
Aufnahme vom 22. 4. 1980

175

Das modernste Fahrzeug, das die Bundesbahn zur Zeit auf Nebenbahnen zu bieten hat, ist der als Nachfolger des Schienenbusses konzipierte Triebwagen der Baureihe 627/628, der bisher nur in 32 Exemplaren beim Bahnbetriebswerk Kempten eingesetzt ist. Sicher ist es für den Fahrgast ein kontrastreiches Erlebnis, wenn er aus dem »Bahnhof« Leutfritz hinaustritt und in den mit leuchtenden Farben und Textilpolstern ausgestatteten Triebwagen 627 008-6 einsteigt.
Streckeneröffnung Kempten – Isny: 15. 10. 1909
Aufnahme vom 16. 5. 1980

176

Bei hohem Schneefall spannt man den leichten Schienenbussen sicherheitshalber eine Lok vor, die mit ihren 62 Tonnen nicht so schnell in einer Schneewächte aus den Schienen gehoben werden kann. Die Strecke von Kempten nach Pfronten-Steinach führt weiter über österreichisches Gebiet nach Garmisch-Partenkirchen.

Streckeneröffnung Kempten – Pfronten-Ried: 1. 12. 1895
Aufnahme vom 11. 12. 1976 bei Pfronten-Kappel

177

Die modernen Kleinloks der Leistungsgruppe III machen sich häufig im Güterzugdienst auf Nebenbahnen mit geringem Verkehrsaufkommen nützlich.

Streckeneröffnung Senden – Weißenhorn: 15. 9. 1878
Einstellung Personenverkehr Senden – Weißenhorn: 24. 9. 1966

Aufnahme vom 25. 7. 1975 bei Wullenstetten

178

Derselbe Loktyp ist sogar vereinzelt im Personenverkehr zu finden. So war diese Lok zusammen mit einem alten Triebwagenanhänger der Baureihe VB 147 als »Spalter Bockerl« eingesetzt. Die Lokalbahn von Spalt nach Georgensgmünd ist als letzte Einsatzstrecke der kleinen Lokalbahndampfloks der Reihe 98^3 (»Glaskasten«) bei Eisenbahnfreunden berühmt geworden.

Streckeneröffnung Spalt – Georgensgmünd: 10. 10. 1872
Einstellung Personenverkehr Spalt – Georgensgmünd: 28. 9. 1969
Aufnahme vom 7. 4. 1969

179

Noch eine Aufnahme von der einzigen Zwischenstation der Bahn in Großweingarten.
Aufnahme vom 7. 4. 1969

180

181

Fast noch bekannter als das Spalter Bockerl war die »Seekuh«, die Secundärbahn von Erlangen nach Gräfenberg, die in zahlreichen Dörfern mitten über die Straße fuhr. Von dieser Bahn existiert heute nur noch das letzte Teilstück von Eschenau nach Gräfenberg, das jetzt zusammen mit der 21 Jahre später gebauten Linie Eschenau – Nürnberg-Nordost betrieben wird. Diese Linie ist heute der einzige Inselbetrieb der DB im Personenverkehr, da man vom Nürnberger Hauptbahnhof den Nordostbahnhof nur mit der Straßenbahn erreichen kann. Vor der Kulisse des Endbahnhofes Gräfenberg wartet hier einer der komfortablen Triebwagen der Reihe 614 auf die Rückfahrt.
Streckeneröffnung Erlangen – Gräfenberg: 12. 11. 1886
Aufnahme vom 22. 2. 1976

Vorläufer der Baureihe V 100 waren die zehn Maschinen der Baureihe V80 (später 280). Zuletzt waren sie im Nebenbahndienst beim Bahnbetriebswerk Bamberg eingesetzt, bis acht von ihnen 1978 nach Italien verkauft wurden. Eine läuft heute bei der Hersfelder Kreisbahn, und eine gehört zum Museumsbestand der DB.
Erste Eisenbahn in Bamberg: 1. 10. 1844 (Nürnberg – Bamberg)
Aufnahme vom 9. 8. 1967 in Bamberg Hbf

182

Die 211043-5 ist nach Weißenstein gekommen, um ein paar Güterwagen abzuholen. Im Lokschuppen übernachtet schon seit Jahren keine Lok mehr für den ersten morgendlichen Berufsverkehrszug.

Streckeneröffnung Süßen – Weißenstein: 7. 12. 1901
Einstellung Personenverkehr Donzdorf – Weißenstein: 31. 5. 1969
Aufnahme vom 13. 3. 1976

183

Wir sind am Ende unserer Reise auf Deutschlands Nebenbahnen angekommen. Auf dem letzten Bild dieses Buches ruht der Verkehr, und die Natur beginnt wieder, sich auf den ehemaligen Gleisanlagen breitzumachen.

Längst hat die Kleinlok den letzten Güterwagen abgeholt, dem irgend jemand ein Pappschild mit Eröffnungs- und Stillegungsjahr der Strecke angehängt hatte.

Auch Jahre noch, nachdem die Gleise abgebaut sind, finden wir mitten in der Landschaft einen großen Viadukt, einen tiefen Einschnitt oder einen Tunnel, dessen Portale zugemauert sind. Und wenn wir uns wundern, weil in einer Waldschneise plötzlich ein Wohnhaus mit einem verblaßten Ortsnamen zu sehen ist, dann brauchen wir nur in einer älteren Karte nachzusehen: Hier hielt einst die Eisenbahn.

Aus dem Grün hinter dem Bahnhof Sierksrade ragen nur noch die Bahnsteigkanten heraus. 65 Jahre lang sind hier ungezählte Reisende ein- und ausgestiegen, die heute den Bus oder noch häufiger den eigenen Pkw benutzen.
Auf zahlreichen Nebenbahnen hat der Bus große Vorteile für die Verkehrsbedienung der Reisenden gebracht, da er mitten durch den Ort fahren kann und die oft langen Anmarschwege zum Bahnhof unnötig wurden. Aber es gibt auch viele Strecken, wo der Bus heute doppelt so lange Fahrzeiten benötigt wie früher die Bahn, und unter Energiegesichtspunkten schneidet die Bahn – selbst bei Dieselbetrieb – erheblich günstiger ab. In den letzten Jahren zeichnet sich mehr und mehr eine Renaissance der Eisenbahnen ab; der Autor hofft, daß daran auch die Nebenbahnen teilhaben werden.
Streckeneröffnung
Bad Oldesloe – Sierksrade: 15. 5. 1897
Sierksrade – Klein Berkenthin: 10. 6. 1897
Einstellung Personenverkehr Bad Oldesloe – Klein Zecher: 29. 9. 1962
Gesamtstillegung Kastorf – Ratzeburg: 1. 1. 1972
Aufnahme vom 9. 9. 1976

Anhang

Baudaten und Lebensläufe der abgebildeten Fahrzeuge

Nach Eigentümer, Art des Fahrzeuges und Betriebsnummer bzw. auch Namen des Fahrzeugs folgen in Klammern: Hersteller, Baujahr sowie bei Lokomotiven hinter einem Schrägstrich die Fabriknummer. Bei Elektroloks wird in der Klammer noch der Hersteller des elektrischen Teils genannt. Hinter der Klammer folgen mit den jeweiligen Jahresangaben eventuelle frühere Nummern und Vorbesitzer einschließlich der Betriebsnummern bei diesen. Hieran schließen sich in gleicher Weise Nachbesitzer oder Ausmusterungsdaten (+) an. Die in den Tabellen verwendeten Abkürzungen der Bahngesellschaften werden im Register in Teil 2 erläutert. Die Angaben basieren auf dem Stand vom 1. 1. 1980.

Bild 1	Regentalbahn, Triebwagen VT 03 (Crede 1937), Herkunft ungeklärt; 1978 VT 13
Bild 3	Regentalbahn, Triebwagen VT 04 (Esslingen 1951), 1963 ex AKN T9; 1954 ex BGE T3
Bild 4/5	Regentalbahn, Triebwagen VT 08 (Busch 1937), 1973 ex LLK VT 03; 1960 ex DB VT 70921; bis 1947 135071; ab 1978 VT 18
Bild 6	Regentalbahn, Lok 03 »Teisnach« (Maffei 1921/5346), 1974 +
Bild 7	Augsburger Lokalbahn, Lok 26 (Krauss-Maffei 1958/18383)
Bild 8	Württembergische Eisenbahn-Gesellschaft, Triebwagen T 11 (Dessau 1929), 1953 ex DB VT 66906; bis 1947 764
Bild 9	Württembergische Eisenbahn-Gesellschaft, Triebwagen T 05 (Fuchs 1956)
Bild 10	Württembergische Eisenbahn-Gesellschaft, Triebwagen T 04 (Wegmann 1926), 1953 ex DB VT 70901; bis 1947 802
Bild 11	Hohenzollerische Landesbahn, Triebwagen VT 5 (MAN 1961)
Bild 12	Südwestdeutsche Eisenbahnen, Triebwagen VT 114 (Esslingen 1952), 1969 ex Moselbahn VT 64
Bild 13	Südwestdeutsche Eisenbahnen, Steuerwagen VS 0450 (MAN 1964)
Bild 14	Hersfelder Kreisbahn, Lok 30 (Henschel 1962/30400), 1975 ex Fa. Henschel (leihweise bei DB als V 320 001, ab 1968 232 001-8)
Bild 15	Mindener Kreisbahn, Lok V 11 (DWK 1941/756), 1961 ex DB V 36 301; 1945 ex Wehrmacht; 1979 +
Bild 16	Teutoburger Wald-Eisenbahn, Beiwagen VB 126 (Steinfurt 1925)
Bild 17	Teutoburger Wald-Eisenbahn, Lok 223 (Henschel 1929/21341), 1946 ex DR 75 634; 1940 ex ELE 14; 1970 an FVE; heute VVM-Museumslok
Bild 18	Teutoburger Wald-Eisenbahn, Lok Köf 10 (Schwartzkopff 1942/11 680), 1962 ex Fa. Eikens; bis 1945 Wehrmacht
Bild 19	Deutsche Eisenbahn-Gesellschaft, Lok 201 (Deutz 1957/56500), 1980 ex Regentalbahn D 1; 1961 ex Fa. Deutz (leihweise bei DB und NSB)
Bild 22	Georgmarienhütten-Eisenbahn, Triebwagen VT 1-2 (Nummer unbekannt), (Dessau 1936), 1969 ex DB VT 36[5]; bis 1947 137 241-270 sowie 137 442-461
Bild 23	Verkehrsbetriebe Peine-Salzgitter, Triebwagen VT 1 (LHB 1957)
Bild 26	Vorwohle-Emmerthaler Verkehrsbetriebe, Triebwagen VT 2 (Uerdingen 1960), 1977 ex AKN VT 2.24; 1968 ex WD VT 27
Bild 27	Kiel-Schönberger Eisenbahn, Lok V 82 (Mak 1958/800 114); DB, Lok 220 048-3 (Krauss-Maffei 1956/18 292), bis 1968 V 200 048
Bild 28	Kiel-Schönberger Eisenbahn, Beiwagen VB 161 (Esslingen 1956), 1963 ex KS VS 161;

1977 an Regentalbahn VB 08, später VB 28

Bild 29 Kiel-Schönberger Eisenbahn, Beiwagen VB 181 (Mak 1955), Umbau aus VT 81; 1963 ex KS VT 81

Bild 31 Verkehrsbetriebe des Kreises Schleswig, Lok 34 (Henschel 1957/28637), 1958 ex Marburger Kreisbahn 360 (dort nur leihweise)

Bild 32 DB, Lok 038 772-0 (Schichau 1915/2275), bis 1968 38 1772; bis 1925 Preußische Staatsbahn Königsberg 2459; 1974 +; seit 1975 Museumslok, z.Z. in Hamburg

Bild 33/35 DB, Lok 038 382-8 (Henschel 1918/16539), bis 1968 38 2383; bis 1925 Preußische Staatsbahn Elberfeld 2535; 1974 +; seit 1975 Museumslok in Neuenmarkt-Wirsberg

Bild 34 DB, Lok 051 741-7 (Krupp 1941/2581), bis 1968 50 1741; 1974 +

Bild 36 DB, Lok 064 235-5 (O&K 1932/12381), bis 1968 64 235; 1971 +
DB, Lok 64 271 (Krupp 1933/1287), ab 1968 064 271-0; 1970 +

Bild 37 DB, Baureihe 64 (Nummer unbekannt; Baujahre 1928–1940), ab 1968 Baureihe 064

Bild 38 DB, Lok 064 415-3 (Jung 1937/7006), bis 1968 64 415; 1974 +; seit 1976 Museumslok in den Niederlanden (betriebsfähig)

Bild 39/40 DB, Lok 064 106-8 (Jung 1928/4061), bis 1968 64 106; 1973 +

Bild 41 DB, Lok 064 305-6 (Krupp 1934/1308), bis 1968 64 305; 1974 +; 1975 als Museumslok nach England

Bild 42 DB, Lok 064 019-3 (Henschel 1927/20731), bis 1968 64 019; 1974 +; Museumslok in Selb

Bild 43 DB, Lok 065 001-0 (Krauss-Maffei 1951/17661), bis 1968 65 001; 1971 +

Bild 44 DB, Lok 086 095-7 (BMAG 1932/10117); bis 1968 86 095; 1971 +

Bild 45 DB, Lok 086 745-7 (O&K 1942/13760), bis 1968 86 745; 1973 +

Bild 46 DB, Lok 094 186-4 (Schwartzkopff 1921/7519), bis 1968 94 1186; bis 1925 Essen 8333; 1972 +

Bild 47 DB, Werklok 2 AW Schwerte (Humboldt 1899/32), ex Preußische Staatsbahn Elberfeld 1744 (preußische Nummer bis 1906); ab 1968 als 089 002-0 vorgesehen; 1968 +; Denkmalslok in Leverkusen

Bild 48 DB, Lok 98 812 (Krauss 1914/6911), bis 1925 Bayerische Staatsbahn 2562; ab 1968 098 812-1; 1970 +; Museumslok der Ulmer Eisenbahn-Freunde

Bild 49 DB, Lok 023 040-9 (Henschel 1954/28540), bis 1968 23 040; 1975 +

Bild 50 DB, Lok 169 002-3 (Krauss 1908/EL 3; SSW 1908; BBC 1936), bis 1968 E 6902; 1938 ex LAG 2

Bild 51 DB, Lok 169 003-1 (Krauss 1912/EL 25; SSW 1912; BBC 1938), bis 1968 E 6903; 1938 ex LAG 3

Bild 52 Trossinger Eisenbahn, Triebwagen ET 5 (Esslingen 1956)

Bild 53 DB, Lok 169 004-9 (van der Zypen 1901/70418; SSW 1901; SSW 1922; neuer Fahrzeugteil: Krauss 1934/o. Nr.; SSW 1934), bis 1968 E 6904; 1938 ex LAG 4; 1934 Neuaufbau; 1922 ex SSW-Drehstromversuchslok (eine Hälfte); 1977 +; Denkmallok in München

Bild 54 DB, Baureihe 145 (Nummer unbekannt; Baujahre 1943–1951), bis 1968 Baureihe $E\,44^{11}$; vorher E 44 W

Bild 55/56 DB, Lok 139 136-6 (Krauss-Maffei 1959/18547; SSW), bis 1968 E 40 1136

Bild 57 DB, Lok 145 167-3 (Henschel 1943/25572; SSW), bis 1968 E 44 1167; vorher E 44 167 W; 1978 +

Bild 58 DB, Lok 144 503-0 (BMAG 1933/10120; AEG), bis 1968 E 44 503; bis 1938 E 44 103; 1978 +

Bild 59 DB, Triebwagen 795 463-9 (MAN 1954), bis 1968 VT 95 9463; 1980 +

Bild 60 DB, Beiwagen 995 497-5 (Orion 1955), bis 1968 VB 142 497; 1978 +

Bild 61 DB, Triebwagen 795 506-5 (Uerdingen 1954), bis 1968 VT 95 9506; 1980 +

Bild 62 DB, Triebwagen $VT\,97^{9}$ (Nummer unbekannt; Baujahre 1961–1965), ab 1968 Baureihe 797^{9}; heute 797^{5}

Bild 63 DB, Steuerwagen 998^{6} (Nummer unbekannt; Baujahre 1955–1961), bis 1968 Baureihe VS 98

Bild 64 DB, Steuerwagen 998 853-6 (WMD 1959), bis 1968 VS 98 253

Bild 65 DB, Steuerwagen 998 827-0 (WMD 1959), bis 1968 VS 98 227

Bild 66 DB, Beiwagen 998 141-6 (Orion 1956), bis 1968 VB 98 141

Bild 67 links: DB, Triebwagen 798 549-2 (Uerdingen 1955), bis 1968 VT 98 9549
rechts: DB, Triebwagen 798 727-4 (MAN 1960), bis 1968 VT 98 9727

Bild 68 wie Bild 67 links

Bild 69 DB, Triebwagen 798 709-2 (Uerdingen 1960), bis 1968 VT 98 9709

Bild 70 DB, Steuerwagen 998^{6} (Nummer unbekannt; Baujahre 1955–1961), bis 1968 Baureihe VS 98

Bild 71 DB, Steuerwagen 998 838-7 (WMD 1959), bis 1968 VS 98 238

Bild 72 DB, Lok 252 901-4 (Gmeinder 1964/5325), bis 1968 V 52 901; 1974 an AVG V 62

Bild 73 DB, Lok 251 902-3 (Gmeinder 1964/5328), bis 1968 V 51 902

Bild 74 Hohenlimburger Kleinbahn, Lok 3 (O&K 1960/25 988)

Bild 75 Drachenfelsbahn, Triebwagen ET 5 (Rastatt 1960)

Bild 76 DB, Lok 099 651-2 (Henschel 1918/16132), bis 1968 99 651; bis 1925 Sächsische Staatsbahn 220; 1918 ex Heeresfeldbahnen MGD Warschau; 1969 +; Denkmal in Steinheim

Bild 77 Brohltalbahn, Lok D 4 (MaK 1958/401 029), 1971 ex LAW D 08; 1967 ex Alsensche Portland-Zementwerke, Lägerdorf

Bild 78/79 Nassauische Kleinbahn, Lok V 18 (Gmeinder 1940/3143), 1957 ex Fa. Eikens, Bremen; bis 1945 Wehrmacht; 1977 an Payerbach-Hirschwang (Österreich)

Bild 80/82 Härtsfeldbahn, Triebwagen T 31 (Fuchs 1956), 1975 an Amstetten-Laichingen; bisher dort nicht eingesetzt.

Bild 81 Mittelbadische Eisenbahnen, Lok V 2901 (Jung 1952/11 464), 1967 ex DB V 29 952

Bild 83 Härtsfeldbahn, Triebwagen T 37 (MAN 1960), 1963 ex SHE VT 14; 1973 an Amstetten-Laichingen T 37

Bild 84 Härtsfeldbahn, Triebwagen T 33 (Wismar 1934), 1956 ex Bremen-Tarmstedt VT 1; 1973 an Amstetten-Laichingen; bisher dort nicht eingesetzt

Bild 85/86 Amstetten-Laichingen, Triebwagen T 37 (siehe Bild 83)

Bild 87/88 Amstetten-Laichingen, Triebwagen T 34 (Wismar 1937), 1956 ex Bremen-Tarmstedt VT 4

Bild 89 Chiemseebahn, Lok ohne Nummer (Krauss 1887/1813)

Bild 90 Amstetten-Laichingen, Triebwagen T 36 (Fuchs 1956), 1974 an Gaildorf-Untergröningen

Bild 91 DR, Lok 99 1773-3 (LKM 1952/32 012), bis 1970 99 773

Bild 92 DR, Lok 99 1794-9 (LKM 1956/132 035), bis 1970 99 794

Bild 93 DR, Lok 99 1783-2 (LKM 1953/32 024), bis 1970 99 783

Bild 94/96 DR, Lok 99 4632-8 (Vulcan 1914/2951), bis 1970 99 4632; 1949 ex Rügensche Kleinbahnen 52 M

Bild 95/97 DR, Lok 99 4633-6 (Vulcan 1925/3851), bis 1970 99 4633; 1949 ex Rügensche Kleinbahnen 53 Mh

Bild 98 DR, Lok 99 2321-0 (O&K 1932/12 400), bis 1970 99 321

Bild 99 Osthannoversche Eisenbahn, Triebwagen VT 0508 (Wismar 1937), bis 1944 Winsen-Evendorf-Hützel T 3

Bild 100 Osthannoversche Eisenbahn, Lok 120 051

(MaK 1959/1000016)

Bild 101 Osthannoversche Eisenbahn, Lok 150073 »Soltau« (Deutz 1969/58250)

Bild 102 Westfälische Landes-Eisenbahn, Lok VL 0635 (Deutz 1966/58 107)

Bild 103/104 Westfälische Landes-Eisenbahn, Lok 0032 (Borsig 1936/14612), 1969 +

Bild 105 Westfälische Landes-Eisenbahn, Steuerwagen VS 1531-1533 (Nummer unbekannt; Uerdingen 1953), 1975 nach Italien

Bild 106 Westfälische Landes-Eisenbahn, Lok 0033 (Borsig 1938/14700), 1971 +

Bild 107 Westfälische Landes-Eisenbahn, Lok 0122 (Borsig 1937/14667), 1971 +

Bild 108 Westfälische Landes-Eisenbahn, Triebwagen VT 1031 (Uerdingen 1953), 1975 nach Italien

Bild 109 DB, Lok 260913-9 (MaK 1961/600360), bis 1968 V 60913; Westfälische Landes-Eisenbahn, Lok VL 0636 (Deutz 1962/57419), 1970 ex Fa. Dortmund-Hörder-Hütten-Union

Bild 110 Westfälische Landes-Eisenbahn, Lok DE 0902 (Henschel 1962/29862), 1970 ex Fa. Henschel; 1962 – 1969 leihweise bei der DB als DE 2000, ab 1968 als 202001-4; 1978 +

Bild 111 Köln-Bonner-Eisenbahnen, Triebwagen ET 57 a/b (Westwaggon 1956)

Bild 112 Köln-Bonner-Eisenbahnen, Triebwagen ET 204 (WMD 1964), 1979 an Salzburg-Lamprechtshausen

Bild 113 Köln-Bonner-Eisenbahnen, Lok 693 (Henschel 1950/28393; AEG), 1973 ex Fa. Rheinbraun E 693

Bild 114 Köln-Bonner-Eisenbahnen, Triebwagen ET 58 a/b (Westwaggon 1956); Kölner Verkehrsbetriebe, Triebwagen 3865 (Düwag 1963)

Bild 115 Köln-Bonner-Eisenbahnen, Triebwagen ET 52 a/b (de Dietrich 1944, Fertigstellung bei Westwaggon 1951); DB, Lok 103 103-8 (Krauss-Maffei 1971/19463; Siemens)

Bild 116 von links nach rechts:
Köln-Bonner-Eisenbahnen, Lok V 35 (Deutz 1961/57 191)
Lok V 34 (Deutz 1961/57 190)
Lok V 16 (MaK 1958/600 149)
Lok V 14 (MaK 1958/600 147)
Lok V 17 (MaK 1958/600 150)
Lok E 693 (siehe Bild 113)

Bild 117/119 DB, Lok 329501-1 (Gmeinder 1952/4378), bis 1968 Köf 99501; vorher V 11901

Bild 118 DB, Wagen KB4i 107 (Umbau 1958 im AW Limburg auf alte Fahrgestelle)

Bild 121 Juister Inselbahn, Triebwagen T 4 (Talbot 1955), 1962 ex KAE T 2

Bild 122 Baltrumer Inselbahn, Lok (ohne Nummer; Schöma 1965/2908)

Bild 125 Nordfriesische Verkehrs-AG, Triebwagen VT 2 (Esslingen 1956)

Bild 127 Alsternordbahn, Triebwagen VT 4.41 (MAN 1956), früher VT 1; 1977 an WNB

Bild 128 Alsternordbahn, Triebwagen VT 4.44 (MAN 1958), 1965 ex EBOE VT 3.06, vorher VT 26, vorher VT 6; 1977 an WNB (1980 noch zur Aufarbeitung bei TWE)

Bild 129 Eisenbahn Altona – Kaltenkirchen – Neumünster, links: Triebwagen VT 2.34 (LHB 1976), rechts: Triebwagen VT 2.24 (siehe Bild 26)

Bild 130 Kölner Verkehrsbetriebe, Triebwagen 2043 (Düwag 1977)

Bild 131 Kölner Verkehrsbetriebe, Triebwagen 2019 (Düwag 1976)

Bild 132 Elektrische Bahnen der Stadt Bonn und des Rhein-Sieg-Kreises, Triebwagen 7578 (Düwag 1976)

Bild 133 Elektrische Bahnen der Stadt Bonn und des Rhein-Sieg– Kreises, Triebwagen 405 (Düwag 1960)

Bild 134 Stadtwerke Bielefeld, Triebwagen 831 (Düwag 1961), vorher 231

Bild 135 Stadtwerke Wuppertal, Schwebebahnwagen Baureihe 00 (Nummer unbekannt, van der Zypen 1900)

Bild 136 DB, Triebwagen 420576-1 (LHB 1972)

Bild 137 DB, Triebwagen 420546-4 (O & K 1972)

Bild 138 Albtalbahn, Triebwagen 22 (Waggon-Union 1975); Stadtwerke Karlsruhe, Triebwagen 153 »Rahnsdorf« (DWM 1962); Stadtwerke Karlsruhe, Triebwagen 169 »Mitte« (DWM 1964)

Bild 139 Fa. Zeller & Gmelin, Eislingen/Fils, Lok 2 (Deutz 1963/57658), Lok dort nicht mehr im Einsatz

Bild 140 Fa. Kali und Salz GmbH, Werk Hattorf, Lok 2 (MaK; Baujahr unbekannt)

Bild 141 Kraftwerk Altbach/Neckar, Lok 2 (Krupp 1958/3777)

Bild 142 Zuckerfabrik Warburg, Lok 2b (Hanomag 1898/3126), ex Oschersleben-Schöninger Eisenbahn 2b

Bild 143 Fa. Kuntze, Süßen/Fils, Lok ohne Nummer (Elektrizitäts AG, vorm. Schuckert; Baujahr unbekannt; Fabr.-Nr. 60)

Bild 144 Großkraftwerk Franken, Nürnberg-Gebersdorf, Lok 1 (O & K 1918/8740)

Bild 145/146 Eisenbahn Altona – Kaltenkirchen – Neumünster (Ottensener Industriebahn), Zugmaschine 8; HH-EV 735 (MAN 1956)

Bild 147 Zementwerke Schelklingen, Lok 3 (Schalker Eisenhütte 1960, AEG), Bahn ist abgebaut

Bild 148 Ziegelei Klosterbeuren, Gütertriebwagen ohne Nummer (Hersteller und Baujahr unbekannt)

Bild 149 Saarbergwerke AG, Lok 37 (Krauss-Maffei 1949/17576)

Bild 150 Fa. Kässbohrer, Ulm-Ludwigsfeld, Lok ohne Nummer (O & K 1952/25 184), Bahn ist abgebaut

Bild 151 Fa. Kässbohrer, Ulm-Ludwigsfeld, Lok ohne Nummer (Schöma 1950/2044), Bahn ist abgebaut

Bild 152 Kalkwerk Ehrenstein, Lok ohne Nummer (Henschel 1938/11 652, keine Lokfabriknummer!), Bahn ist abgebaut

Bild 153 Ruhrkohle AG, Lok D 725 (Hohenzollern 1929/4647), ex Zeche Werne 11, vorher 1; ex DB 80036

Bild 154 Zeche Radbod, Hamm, Lok 5 (Jung 1952/11 568)

Bild 155 Kalkwerke Ehrenstein, Lok ohne Nummer (Schöma 1961/2548), Bahn ist abgebaut

Bild 157 DB, Lok 212235-6 (MaK 1965/1000282), bis 1968 V 100 2235

Bild 158 DB, Steuerwagen 50 80 82 11365-7 (Baujahr 1962)

Bild 159 DB, Lok 323651-0 (Gmeinder 1958), bis 1968 Köf 6339

Bild 160 DB, Lok 216094-3 (Henschel 1966/31 154), bis 1968 V 160094

Bild 162 DB, Lok 213335-3 (MaK 1966/1000382), bis 1968 V 100 2335

Bild 163 Ilmebahn, Lok V 65.02 (MaK 1962/600415)

Bild 164 DB, Lok 211 170-6 (Henschel 1961/30519), bis 1968 V 100 1170

Bild 165 DB, Triebwagen 517004-8 (Wegmann 1954; SSW), bis 1968 ETA 176004

Bild 167 DB, Baureihe 216 (Nummer unbekannt; Baujahre 1964 – 1969), bis 1968 Baureihe V 160

Bild 170 DB, Lok 140655-2 (Henschel 1966/31017, BBC), bis 1968 E 40655

Bild 171 DB, Triebwagen 634607-6 (MAN 1965), vorher 624607-8; bis 1968 VT 24607

Bild 173 DB, Lok 211086-4 (MaK 1962/1000104), bis 1968 V 100 1086

Bild 174 DB, Steuerwagen 815780-2 (Rathgeber 1962), bis 1968 ESA 150180

Bild 175 DB, Triebwagen 627008-6 (MaK 1975)

Bild 176 DB, Lok 211 150-8 (Deutz 1962/57 387), bis 1968 V 100 1150

Bild 177 DB, Baureihe 332 (Nummer unbekannt; Baujahre 1959 – 1966), bis 1968 Baureihe Köf 11001-11317

Bild 178/179 DB, Lok 332262-5 (Jung 1965/13907), bis 1968 Köf 11262

Bild 180 DB, Triebwagen 614052-9 (Uerdingen 1975)

Bild 181 DB, Lok V 80009 (MaK 1952/800004), ab 1968 280009-2; 1978 nach Italien

Bild 182 DB, Lok 211043-5 (Jung 1962/13317), bis 1968 V 100 1043

Register der Ortsnamen und Bahngesellschaften

291